JN085847

HOSHIORI 星栞

2023年の星占い
水瓶座

石井ゆかり

水瓶座のあなたへ
2023年のテーマ・モチーフ
解説

....

モチーフ：クレープ

....

　甘いものにはどこか「遊び」の気配があります
が、中でも歩きながら食べるクレープは「遊び」
の楽しさそのものの象徴です。誰もが縛られてい
る日常の義務や責任から、「解き放たれた」状態で
なければ、クレープなど食べることにならないだ
ろうと思うのです。2023年の水瓶座の人々は、た
くさんの遊びの時間、楽しみの時間、デートの時
間を持つことができそうです。勉強や仕事や家事
やその他諸々の「やるべきこと」の外側に解放さ
れて、誰かと自由に楽しむ時間を大事にしたい1
年です。

はじめに

　こんにちは、石井ゆかりです。

　2023年は星占い的に「大物が動く年」です。「大物」とは、動きがゆっくりで一つの星座に長期的に滞在する星のことです。もとい、私が「大物」と呼んでいるだけで、一般的ではないのかもしれません。2023年に動く「大物」は、土星と冥王星です。土星は2020年頃から水瓶座に位置していましたが、2023年3月に魚座に移動します。冥王星は2008年から山羊座に滞在していましたが、同じく2023年3月、水瓶座に足を踏み入れるのです。このように、長期間一つの星座に滞在する星々は、「時代」を描き出します。2020年は世界が「コロナ禍」に陥った劇的な年でしたし、2008年はリーマン・ショックで世界が震撼した年でした。どちらも「それ以前・それ以後」を分けるような重要な出来事が起こった「節目」として記憶されています。

　こう書くと、2023年も何かびっくりするような出来事が起こるのでは？と思いたくなります。ただ、既にウクライナの戦争の他、世界各地での民主主義の危機、

世界的な環境変動など、「時代」が変わりつつあること
を意識せざるを得ない事態が起こりつつあります。私
たちは様々な「火種」が爆発寸前の世界で生きている、
と感じざるを得ません。これから起こることは、「誰も
予期しない、びっくりするようなこと」ではなく、既
に私たちのまわりに起こっていることの延長線上で「予
期できること」なのではないでしょうか。

　2023年、幸福の星・木星は牡羊座から牡牛座を運行
します。牡羊座は「はじまり」の星座で、この星座を
支配する火星が2022年の後半からコミュニケーション
の星座・双子座にあります。時代の境目に足を踏み入
れる私たちにとって、この配置は希望の光のように感
じられます。私たちの意志で新しい道を選択すること、
自由のために暴力ではなく議論によって闘うこと、な
どを示唆しているように読めるからです。時代は「受
け止める」だけのものではありません。私たちの意志
や自己主張、対話、選択によって、「作る」べきもので
もあるのだと思います。

《注釈》

◆ 12星座占いの星座の区分け（「3/21〜4/20」など）は、生まれた年によって、境目が異なります。正確な境目が知りたい方は、P.124〜125の「太陽星座早見表」をご覧下さい。または、下記の各モバイルコンテンツで計算することができます。
インターネットで無料で調べることのできるサイトもたくさんありますので、「太陽星座」などのキーワードで検索してみて下さい。

モバイルサイト【石井ゆかりの星読み】（一部有料）
https://star.cocoloni.jp/（スマートフォンのみ）

◆ 本文中に出てくる、星座の分類は下記の通りです。

火の星座：牡羊座・獅子座・射手座　　　地の星座：牡牛座・乙女座・山羊座
風の星座：双子座・天秤座・水瓶座　　　水の星座：蟹座・蠍座・魚座
活動宮：牡羊座・蟹座・天秤座・山羊座
不動宮：牡牛座・獅子座・蠍座・水瓶座
柔軟宮：双子座・乙女座・射手座・魚座

《参考資料》

・『Solar Fire Gold Ver.9』（ソフトウェア）/ Esoteric Technologies Pty Ltd.
・『増補版　21世紀　占星天文暦』/ 魔女の家BOOKS　ニール・F・マイケルセン
・『アメリカ占星学教科書　第一巻』/ 魔女の家BOOKS　M.D.マーチ、J.マクエバーズ
・国立天文台 暦計算室Webサイト

HOSHIORI

水瓶座 2023年の星模様

年間占い

❄ 冷たい激動から、熱い激動へ

　「お疲れ様でした！」と申し上げたいタイミングです。というのも、2020年から今に至る時間はあなたにとって、「激動」だったのではないでしょうか。もちろん、世界全体が「コロナ禍」に陥り、誰もが生活の激変を経験した時間帯ではあったのですが、とりわけ水瓶座の人々にとっては「コロナ禍」以外の様々な人生の転機が、過去3年の中にぎゅっと詰め込まれていて、てんやわんやだっただろうと思うのです。

　水瓶座の人々は新しい時代を切り開いたり、キャッチアップしたりする力に秀でているのですが、その一方で不思議と、日常的な変化に弱い部分があります。どちらかと言えば慣れた状況、普段通りの生活に「とどまりたい」という思いが強いのです。その点、過去3年は「いつも通り・日常」が大きく壊れ、そして新たに組み上げられた時間帯ではなかったでしょうか。新しい環境を受け入れるのも、そこに馴染むのも、とても大変だっただろうと思います。「馴染む」には、絶対的な時間が必要だからです。

そんなダイナミックな激変の時間が、2023年3月で一段落します。もとい、「これまでの激動」が終わり、「新しい、より長期的な激動」が始まるのがこの3月、と言えるかもしれません。と、これを読んで「もっと大変なことが起こるの？」とウンザリする向きもあるかもしれませんが、これまでの「激動」とここからの「激動」は、全く様相が違います。

　2020年からの「激動」は、3年ほどに凝縮できる転換点でした。一方、2023年からの「激動」は、2043年頃までじっくりと続いていく、大陸の移動のような長丁場のプロセスなのです。一つの島ができるような、長いドラマを体験して生まれ変わるような、そんな「激動」がここから始まります。

　2020年からの「激動」では、自分を律したり、自分を訓練したり、自分を抑制したりすることが必要だったかもしれません。制御し、コントロールし、何かをガマンしてコツコツ努力するような時間が、過去3年の中に詰まっていたのではないかと思います。この「制限・制御」の激動期が3月に終わる一方で、新たに始まる2043年頃までの「激動」は、情熱を生きること、

欲望や野心を燃やすこと、何かに惚れ込むこと、何かと同一化すること、膨大な力を使うこと、大きなものを動かすこと、大それたものを手に入れること、常識を超えていくこと、などがメインテーマとなります。2020年から2023年3月までの「激動」には、巨岩のような、氷山のような冷たさがありましたが、2023年3月から2043年頃までの「激動」は、マグマのように熱いのです。

❋ 前半は「コミュニケーションと学び」の季節

2022年5月半ばから2023年5月半ばは、「コミュニケーションと学び、移動の季節」となっています。フットワークよく動き回り、行動範囲を拡大してきた人が多いはずです。この時期の「学び」は机の上で教科書を広げるようなことに留まらず、いろいろな人と対話し、意見交換し、情報収集するような動きの中にありました。特に、身近な人、近所の人や同僚、先輩など、日常的に繰り返し顔を合わせる人々との交流がそのまま、知的な成長に繋がっていただろうと思います。「行きつけの場所」が増えて、そこにいる人々に多くを学

んだ人もいるでしょう。また、好きなことや夢中になれることについて語り合える仲間ができて、その仲間たちと自然に刺激を与え合って、いつのまにか成長していた、という人もいるかもしれません。賑やかに楽しく、心を開き合うことですくすく伸びられる、とても楽しい時間が、この2023年5月半ばまでの時間帯なのです。

✻ 後半、「居場所を作る」季節へ

　5月半ばから2024年5月にかけては、「家族・居場所・住処（すみか）を作る季節」です。この時期、家族構成の変化や引っ越しなどを経て、「普段の景色」が一変する人も少なくないでしょう。パートナーを得て家庭を持ったり、子供を授かったり、暮らし方をガラッと変えたりする人もいるかもしれません。

　新たな出会いがあり、そこで出会った人が、あなたの生きる世界に勢いよく「参入」してきます。あなたの人生の登場人物が増え、普段接する人の数が増え、生活全体が賑やかになっていきます。あなたはその生活の中心にいて、主役です。一般に、家族や身内を得て、自分の人生が「脇役」になったように感じてしまう人

も少なくありませんが、この時期のあなたの世界では、そうしたことは起こらないだろうと思います。あくまであなたは、中心人物で、主役なのです。

　また、前向きな形で単身赴任や別居などを選択する人もいそうです。この時期の「住処」には、「自由・自律」というテーマが刻み込まれているからです。一般に、家族を得るということは「縛られる」ことだと想像されがちですが、少なくともこの時期に限っては、水瓶座の人々が実現する新たな「居場所」は、あなたが一人の人間として心から自由に生きるための場となるはずなのです。たとえば、孤独であれば自由か、というと、決してそうではありません。むしろ、孤独を牢屋のように感じる人のほうがマジョリティです。家族を得ることで自由になる人、誰かとの強い心の結びつきによって生き方が解放される人は、少なくありません。この時期の水瓶座の人々の「居場所」は、あなたの心を解放するはずです。

❋ 主観と情熱の重要性

　2022年8月下旬から2023年3月、とても創造的な時

間帯となっています。好きなことに打ち込んできた人、クリエイティブな活動においてチャンスを掴み、チャレンジを続けてきた人もいるはずです。趣味や好きなこと、いわゆる「推し活」などに情熱を注いできた人もいるかもしれません。この3月まで、なにかしら自分から「やりたい！」と思えることに注力し、結果を出せる時期となっています。

　たとえば、画家がアトリエで孤独に創造に取り組むように、「好きなことをする」時には一人になりたい場合も多いのではないかと思います。でも、この年明けから3月という時間の創造的活動は、とても賑やかな雰囲気に包まれている気配があります。アトリエにいろいろな人が訪ねて来たり、自分からも制作中の作品について、いろいろな人に意見を求めたくなったりするのです。あなたはもともと「聞く耳を持つ人」ですが、この時期は特に、コミュニケーションが大きく開かれているので、そこにフレッシュな風が吹き込みます。その風はあなたの情熱の火を吹き消すことなく、むしろガンガン煽（あお）ってくれるだろうと思います。

　水瓶座の人々は、冷静かつ客観的であることに価値

◇◇◇◇◇◇◇◇◇◇◇◇◇◇◇◇◇◇◇◇◇◇◇◇◇◇◇◇◇◇◇◇◇

を置きます。主観や情熱といった「自分だけのもの」を、どこか信用していないフシがあるのです。でも、この時期は主観と情熱こそが重要です。他人の意見を取り入れたり、尊重したりするには、それらにぐらぐらと揺らされない柱のような主観や情熱が必要なのです。

｛ 仕事・目標への挑戦／知的活動 ｝

2020年頃から、自分に大きな課題を課し、それに向かってひたむきに頑張ってきたのではないでしょうか。その、コツコツと山を登り続けるような日々が、2023年3月で終わります。プレッシャーやストレス、緊張に耐えながら、必死で自分を鍛えてきた人もいるでしょう。責任や義務の重圧に押し潰されそうになりながら、耐え抜いてきた人もいるはずです。そうした緊張感、重圧感が、この3月までにふわりと消えていくはずなのです。その重荷を背負うだけの力がついたために、重圧感が消えていくのかもしれません。あるいは背負い続けた重荷自体が、どこかに消えていくのかもしれません。いずれにせよ、仕事において「楽になった！」という感触が得られるはずです。

◇◇◇◇◇◇◇◇◇◇◇◇◇◇◇◇◇◇◇◇◇◇◇◇◇◇◇◇◇◇◇◇◇

一般に、自分に自信がない人ほど、不利な就労条件を引き受けがちだと言います。「自分にはそんな難しい仕事はできないかもしれない」「自分にはそんなに高い報酬に見合う価値がない」など、自分を低く見積もることで、良くない就労環境に吸い込まれてしまう人もいます。もし、あなたがそうした遠慮や自己否定からの苦境に陥っていたなら、3月以降、その状況から脱出できそうです。自分の力を客観的に見つめ直し、自分に合った就労条件を模索できるようになるのです。

　「なんのために働くか」という認識・意識が、2023年から大きく変化する人もいるでしょう。「自分はやりがいではなく、給与を求めているのだ！」「他人の役に立つことではなく、自分自身の才能を使うことがしたいのだ！」など、自分が仕事に求めているものがハッキリすることで、新たな活躍の場への道がひらかれるのです。特に、これまでどこか自己犠牲的な観念で仕事を捉えていた人は、その考え方を180度、転換することになるかもしれません。

{ 人間関係 }

年の前半は、コミュニケーションに勢いがある時期で、身近な人たちととてもいい関係を築けるでしょう。気持ちよく話しかけてもらえますし、自分からも積極的に話しかけ、働きかける勇気が湧いてきます。人間関係を外側へと広げようとするより、じわじわと「近い範囲」で増やしていくほうがこの時期に合っているかもしれません。一緒にいることが当たり前になっているような相手ほど、腰を据えて語り合いたい時です。

6月から10月上旬は、公私ともに素晴らしい出会いに恵まれます。既にある人間関係も、愛に溢れるゆたかなものとなるでしょう。この時期はむしろ「外へ、外へ」と人間関係が広がりやすくなります。遠く感じていた人物が、意外なほど近くに来てくれるかもしれません。出会ってすぐに「仲間」「身内」になるような人も現れるかもしれません。

水瓶座は「友情」の星座で、友達を作ることが比較的上手な人が多いようです。また、友達との距離感を保つことも、かなり上手な傾向があります。ただ、この時期はその「ほどよい距離感」を保ちにくいかもし

れません。びっくりするほど心の距離が近くなってし
まい、かえって居心地が悪くなる、といった事態も考
えられます。ただ、今は無理に距離を保とうとするよ
りも、一度ガッチリ寄り添ってしまうことに意味があ
るのかもしれません。この時期増えた「身内」はおそ
らく、この先長く「頼れる味方」になってくれます。た
とえば、生活の中の困りごとについて、外部へ助けを
求めたことがない、という人ほど、この時期は敢えて
「助け合い」を選択することも一案です。

｛ お金・経済活動 ｝

　2023年3月を境に、現実的な「財を築く」レールに
乗る人が少なくないでしょう。どうやって現実の中で
「生活力」を鍛え、生活の基盤を強化していくかがこの
時期のテーマとなります。一時的なものではない、長
期的な「経済力」を強化できる時間に入ります。

　2012年頃から、お金に関する漠たる不安を抱えてき
たかもしれません。不安だけでなく、疑念や悲観、ど
うすればいいかわからないという思い、罪悪感などが
あなたの胸に、常に去来していたのではないでしょう

か。2021年から2022年にかけてそうした不安の一部が希望に変化したものの、「これからどうしていこうか」という、正体不明の怖れがまだ、あなたの胸にあるのではないかと思います。

　2023年は、そうした「漠然とした、つかみどころのない不安、悲観、怖れ」が、「現実的な課題」へと置き換えられていく年です。問題点が明確になり、問題の解決策を探し当て、日々の努力の中でその問題を解決していけるのです。「不安」はイマジネーションです。そのイマジネーションが「現実」に置き換えられた時、悪い夢から覚めるように、不安は消えていきます。

　この「問題解決」のプロセスは早ければ2025年、遅くとも2026年には収束します。あの不安や辛い思いを、自分の手でコツコツ解決したのだ！という体験が、あなたにとって新しい自信となるでしょう。

❨ 健康・生活 ❩

　2019年頃から生活の場を探す旅を続けているような状態にあるかもしれません。新しい場を見つけては、状況が変わってまた新たな場へ、という変遷の中で、自

分の生き方をも模索してきている人が少なくないでしょう。2023年はそんな模索を「幸運」が後押ししてくれるような時間となっています。たとえば、引っ越しをしていい住処（すみか）が見つかるとか、心地良い生活環境が整う、といった展開になりやすいのです。

　家族構成が変わりやすい時でもありますが、このこともあなたの生活に、プラスに作用します。たとえばパートナーを得たり、子供ができたり、ペットを迎えたりしたことによって、生活のリズムが変わり、食生活も整って、暮らし全体がうまく回り始める、といった展開もあり得ます。介護や子育て、家事などに様々なサービスや福祉の手が入ることで、密閉された家の中に外気が流入し、暮らし全体の風通しが良くなる、といった変化を経験する人もいそうです。

　このような変化は全て、あなたの心身のコンディションに明るい影響をもたらすでしょう。周囲の人々、暮らしを取り巻く環境との関係が変わることで、調子が良くなる年です。

◉ 2023年の流星群 ◉

「流れ星」は、星占い的にはあまり重視されません。古来、流星は「天候の一部」と考えられたからです。とはいえ流れ星を見ると、何かドキドキしますね。私は、流れ星は「星のお守り」のようなものだと感じています。2023年、見やすそうな流星群をご紹介します。

4月22・23日頃／4月こと座流星群
例年、流星の数はそれほど多くはありませんが、2023年は月明かりがなく、好条件です。

8月13日頃／ペルセウス座流星群
7月半ばから8月下旬まで楽しめます。三大流星群の一つで、条件がよければ1時間あたり数十個見られることも。8月13日頃の極大期は月明かりがなく、土星や木星が昇る姿も楽しめます。

10月21日頃／オリオン座流星群
真夜中過ぎ、月が沈みます。土星、木星の競演も。

12月14日頃／ふたご座流星群
三大流星群の一つで、多ければ1時間あたり100個程度もの流れ星が見られます。2023年の極大期は月明かりがなく、こちらも好条件です。

HOSHIORI

水瓶座 2023年の愛

年間恋愛占い

♥ 孤独からの脱出、オープンな愛のドラマ

　愛においても「辛い時期の終わり」を感じる人が少なくないでしょう。孤独感が消え去り、人を愛したい、好きになりたいという気持ちが湧いてきます。そんなあなたの思いに応えるように、特別な出会いの星回りが二つ、用意されているのが2023年です。年明けから3月、夏から秋に、心を大きく開かれるような愛のドラマが展開しそうです。

｛ パートナーを探している人・結婚を望んでいる人 ｝

　2022年8月から2023年3月、そして2023年6月から10月上旬は、ごく特徴的な「出会いの季節」です。愛を探している人は、この時期にパートナーを得られる可能性が非常に高くなっています。特に年明けから3月は、自分からフットワークよく動き、様々なコミュニケーションの輪を作り、人々の交わる場に参加していきたい時間帯です。積極的に動けば動くほど、チャンスを掴みやすい時なのです。兄弟姉妹や幼なじみなどのバックアップも期待できます。また、セミナーや

ワークショップ、学校など「学びの場」に出会いを見つける人も少なくないでしょう。同じ興味関心を持つ人とは、親しくなりやすいものですが、この時期は特に「好きなこと・興味があること」についての会話が盛り上がりやすく、さらに「その先の関係」にも発展しやすい気配があります。

　6月から10月上旬の時間帯は、第三者の紹介やお見合い、マッチングサービスなどに妙味があります。さらに、家族や親族を介した出会いも期待できそうです。

　1年を通してお見合いパーティーや合コンなども脈ありです。世の中には「人と人とが出会う」ことを目的とした場がいろいろあります。そうした場に、ダイレクトに「乗っかってみる」ことが、2023年にはフィットします。「自然な出会い」「特別感のある出会い」「運命の出会い」「偶然の出会い」に憧れる人は少なくありませんが、2023年の出会いは、どちらかと言えば「ベタ」なのです。ミラクルに期待するより、現実的に動いたほうが、ずっと「話が早い」ようです。

　年の半ば以降は「家庭を作る」「家族になる」ことに強いスポットライトが当たります。家庭観、家族観を

共有できる相手を探したくなるでしょう。住処（すみか）やこの先の生き方について早い段階で話し合い、共感できれば、すんなりとパートナーシップに移行できそうです。

パートナーシップについて

コミュニケーションの時間が増え、「家族」「ともに生きる相手」としての意識が強まりそうです。普段、生活上の役割分担などに不満を溜めがちな人も、2023年は建設的な対話を持って、お互いの不満を明るい方向に解消していく試みができるでしょう。何よりもまず「対話していこう」という意識を共有することができる時です。「話してもどうせ、うまくいかない」「自分が抱え込むしかない」など、悲観的に考えがちだった人も、3月以降は不思議と「話してみれば、何か変わるかもしれない」といった前向きな気持ちが湧いてくるかもしれません。

6月から10月上旬は、パートナーシップに愛が溢れる、とても幸福な時間となっています。二人で過ごすことがとても楽しく感じられるでしょう。愛情表現がストレートになりますし、二人でやってみたいことを

たくさん思いついて、実行に移せそうです。

　2020年頃から妙に孤独を感じやすかった人もいるはずです。3月以降、その孤独感が消えていくでしょう。パートナーへの接し方、甘え方を思い出し、心に「雪解け」が訪れるのを実感する人もいるはずです。

｛ 片思い中の人・愛の悩みを抱えている人 ｝

　片思い中の人は、年明けから3月くらいまでの中で、一気に状況を変えられるかもしれません。対話を試みる勇気、アプローチする勇気が燃える時期です。さらに6月から10月上旬は「愛の関係の進展」の時期で、片思い状態を解消するのにぴったりのタイミングと言えます。あるいはこの時期に、別の出会いがあり、一気に愛が進展する可能性もあります。

　愛の悩みを抱えている人は、3月を境に状況が自然と好転するかもしれません。特に、自分の悲観や疑念、自信のなさなどに囚われがちで、そのことが原因で「負のループ」ができていたなら、自分を否定する思いから脱出することで「負のループ」を解消できそうです。

｛ 家族・子育てについて ｝

　5月半ばから2024年5月は「居場所・家族の時間」となっています。この時期、家族の結束が強まったり、家族が増えたりしそうです。家の中がゆたかに、オープンになる時です。この時期は特に、あなたが中心となって家族関係を動かしていくことになります。あなた自身のことを決して「後回し」にせず、自分が幸せになることを軸にして、家族との暮らしを考えてゆくと、全体がスムーズに回り始めます。

　2022年8月下旬あたりから子育てにおいてトラブルや悩みを抱えていた人は、2023年3月にはその状況から脱出できるでしょう。問題が解決し、苛立ちや怒りが沈静化して、関係が穏やかに、あたたかく変化していきそうです。

｛ 2023年　愛のターニングポイント ｝

　年明けから3月は「愛と情熱の季節」です。4月中旬から5月頭はキラキラの愛の季節で、さらに6月から10月上旬はあらゆる人間関係に愛が溢れます。

HOSHIORI

水瓶座 2023年の薬箱

もしも悩みを抱えたら

❖2023年の薬箱 〜もしも悩みを抱えたら〜

誰でも日々の生活の中で、迷いや悩みを抱くことがあります。2023年のあなたがもし、悩みに出会ったなら、その悩みの方向性や出口がどのあたりにあるのか、そのヒントをいくつか、考えてみたいと思います。

◈お金に関する不安は、抱え込まずに

お金やものに関して、不安になりやすいかもしれません。十分足りているのに「これでは足りない」と思い込んでしまったり、未来について過剰に悲観したり、この悲観のために過度な節約に走るとか、過剰な備蓄を備えるなど、普段の自分とは少し違った行動を取る人もいるでしょう。「収入の途をコツコツ作っていく・この先長く使える水路を建設する」ような時間に入るため、その「入り口」となる2023年はとにかく「なにもない！　足りない！」という焦りを感じやすいのです。でも、このタイミングで「足りない」ように感じられるのは、何の問題もありません。ここから一つ一つ石を積み上げるように、しっかりした経済力を育て

ていけるからです。過度に焦らず、現実にしっかり足をつけていれば、悪い方向には転がりません。また、お金のことは人間の誇り、プライドに直結するため、困っていても人に助けを求められない、一人で抱え込もうとしてむしろ問題が大きくなる、本当のことを家族にも言えない、などの苦境に陥る人が少なくありません。この時期は積極的に身近な人に「本当の状況」を打ち明け、助けを求めることが、結果的にみんなの幸福に繋がります。苦しい時ほど、強がらないで。

◆ぶつかっても、「愛」を大切に

　恋人や子供など、心から愛しているはずの相手と、なぜかぶつかりがちになっているかもしれません。想いが伝わらないことに苛立ったり、相手の気持ちがハッキリ見えなくて問い詰めてしまったり、といったことに悩む人もいそうですが、そんな状況も3月末には収束します。自分の中の「愛情」を見つめて。

2023年のプチ占い（牡羊座〜乙女座）

牡羊座（3/21-4/20生まれ）
年の前半は「約12年に一度のターニングポイント」のまっただ中。新しい世界に飛び込んでいく人、大チャレンジをする人も。6月から10月上旬は「愛の時間」に突入する。フレッシュで楽しい年に。

牡牛座（4/21-5/21生まれ）
仕事や社会的立場にまつわる重圧から解放された後、「約12年に一度のターニングポイント」に入る。何でもありの、自由な1年になりそう。家族愛に恵まれる。「居場所」が美しくゆたかになる年。

双子座（5/22-6/22生まれ）
2022年8月からの「勝負」は3月まで続く。未来へのチケットを手に入れるための熱い闘い。仲間に恵まれる。さらに2026年にかけて社会的に「高い山に登る」プロセスに入る。千里の道も一歩から。

蟹座（6/23-7/23生まれ）
5月までは「大活躍の時間」が続く。社会的立場が大きく変わる人、「ブレイク」を果たす人も。年の後半は交友関係が膨らみ、行動範囲が広がる。未来への新たなビジョン。経済的に嬉しい追い風が吹く。

獅子座（7/24-8/23生まれ）
年の前半は「冒険と学びの時間」の中にある。未知の世界に旅する人、集中的に学ぶ人も。6月から10月上旬まで「キラキラの愛と楽しみの時間」へ。嬉しいことがたくさん起こりそう。人に恵まれる。

乙女座（8/24-9/23生まれ）
年の前半は「大切な人のために勝負する」時間となる。挑戦の後、素晴らしい戦利品を手にできる。年の後半は未知の世界に飛び出していくことになりそう。旅行、長期の移動、新しい学びの季節へ。

（※天秤座〜魚座はP96）

HOSHIORI

水瓶座 2023年 毎月の星模様

月間占い

◆星座と天体の記号

「毎月の星模様」では、簡単なホロスコープの図を掲載しています が、各種の記号の意味は、以下の通りです。基本的に西洋占星術で用いる一般的な記号をそのまま用いていますが、新月と満月は、本書オリジナルの表記です（一般的な表記では、月は白い三日月で示し、新月や満月を特別な記号で示すことはありません）。

♈：牡羊座	♉：牡牛座	♊：双子座
♋：蟹座	♌：獅子座	♍：乙女座
♎：天秤座	♏：蠍座	♐：射手座
♑：山羊座	♒：水瓶座	♓：魚座
⊙：太陽	●：新月	○：満月
☿：水星	♀：金星	♂：火星
♃：木星	♄：土星	♅：天王星
♆：海王星	♇：冥王星	
℞：逆行	Ɖ：順行	

◆ 月間占いのマーク

　また、「毎月の星模様」には、6種類のマークを添えてあります。マークの個数は「強度・ハデさ・動きの振り幅の大きさ」などのイメージを表現しています。マークの示す意味合いは、以下の通りです。

　マークが少ないと「運が悪い」ということではありません。言わば「追い風の風速計」のようなイメージで捉えて頂ければと思います。

★	特別なこと、大事なこと、全般的なこと
✊	情熱、エネルギー、闘い、挑戦にまつわること
🏠	家族、居場所、身近な人との関係にまつわること
¥	経済的なこと、物質的なこと、ビジネスにおける利益
✐	仕事、勉強、日々のタスク、忙しさなど
♥	恋愛、好きなこと、楽しいこと、趣味など

MONTHLY
HOROSCOPE

1

JANUARY

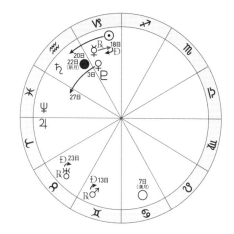

◆キラキラした、楽しい時間。　　　　　　　🖤 🖤 🖤

楽しい時間です。あなたという存在にスポットライトが当たっ
たような状態になり、ほめられたり誘われたり、嬉しいことが
多いでしょう。あなたの笑顔や優しさ、愛情に救われる人が周
囲にたくさんいるようです。日頃悲観しがちな人は、心の氷が
ゆるみます。楽観が人をあたため、状況を好転させます。

◆「過去」に手を伸ばす。　　　　　　　　　　★

「過去から戻ってくるもの」があるかもしれません。懐かしい人
に連絡したくなったり、以前よく行った場所に再訪したくなっ
たりしそうです。過去を辿ることで、未来に向かう道を再検討
できます。後悔の種がある人、心の中に引っかかったままずっ

34

と手をつけられずにいることがある人は、この時期その問題を
掘り下げて、解決できるかもしれません。

◎特別な「スタート」の節目。

22日前後、素晴らしいスタートのタイミングです。力強い「ゴー
サイン」のような朗報が飛び込んできそうです。

♥絶好調の、愛と情熱の季節。 ♥ ♥ ♥

素晴らしい愛の時間です。去年の8月下旬から「情熱の時間」の
中にありますが、さらに明るい要素が加わって、一気に愛のドラ
マが加速します。10月末頃から「先が見えない」状態にあっ
た人も、13日頃を境に見通しが良くなってくるでしょう。愛を
探しつつもまだ見つからない人は、少しイメージチェンジをし
て仕切り直したくなるかもしれません。これは、自分らしさを
隠すということではなく、より良い表現方法を見つけられるの
だと思います。ここから3月までの間に、きっとあなたの探し
ている「その人」が見つかるはずです。

》》 1月 全体の星模様 《

年末から逆行中の水星が、18日に順行に戻ります。月の上旬から
半ば過ぎまでは、物事の展開がスローペースになりそうです。一
方、10月末から双子座で逆行していた火星は、13日に順行に転じ
ます。この間モタモタと混乱していた「勝負」は、13日を境に前
進し始めるでしょう。この「勝負」は去年8月末からのプロセス
ですが、3月に向けて一気にラストスパートに入ります。

MONTHLY
HOROSCOPE

2

FEBRUARY

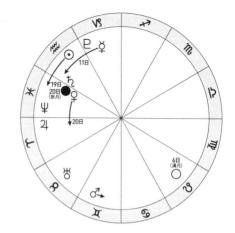

◆**力強い発信力。**　

爽やかな忙しさに包まれます。集中力が出てきて、目の前のこ
とにガンガン打ち込めるでしょう。今は自己主張の意欲が強ま
っている時なのですが、この時期はそこにコミュニケーション
力、説得力、発信力が加わります。あなたの「鶴の一声」で状
況が一変するような展開も。声を上げたい時です。

◆**創造的なお金の使い方。**　¥ ¥ ¥

経済活動に強い追い風が吹きます。収入がアップしたり、臨時
収入があったり、いい買い物ができたりする時です。欲しいも
のが手に入りますし、新しいアイテムを手に入れることで気持
ちが明るくなり、やる気が出てくる人も多そうです。「心を充た

すもの」にお金を使うことが大切です。また、クリエイティブ
な活動に思い切った投資をする人も。

◆**下旬からリラックスできる。**
月の下旬に入ると、緊張感から解放されそうです。気の置けな
い人々と一緒にいる時間が増え、ワガママも言いやすくなるで
しょう。甘える時はストレートかつ、自覚的に。

♥**引き続き、積極的に動ける時。**　　　　　　♥ ♥ ♥
ここから3月にかけて、「攻勢をかける」タイミングと言えます。
行動を起こせばきっと、愛のドラマが動きます。愛を探してい
る人は特に、明確に目的意識を持って、自分に合う相手を探し
たい時です。同じ趣味、同じ楽しみを共有できる相手が有望で
す。カップルは「一緒に美味しいものを食べる」「ショッピング
に出かける」ような、物質的な楽しみが愛を育てる滋養になる
かもしれません。6日前後、愛のドラマが大きく進展する気配
があります。心を開いて。

2月 全体の星模様

金星が魚座、水星が水瓶座を運行します。両方とも「機嫌のいい」
配置で、愛やコミュニケーションがストレートに進展しそうです。
6日の獅子座の満月は天王星とスクエア、破壊力抜群です。変わ
りそうもないものが一気に変わる時です。20日は魚座で新月が起
こり、同日金星が牡羊座に移動、木星と同座します。2023年前半
のメインテーマに、明るいスイッチが入ります。

MONTHLY
HOROSCOPE

3

MARCH

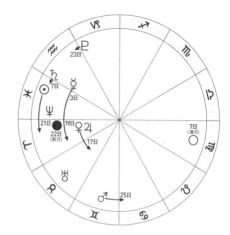

VI₃

♐

♒

♈ 23日

♏

♄ 7日

☿ 3日

♍

Ψ 21日

19日 ♀ ♃

7日 (満月) ○

22日 (新月)

♈

17日

♒

♒

♂ 25日

♊

♋

♌

◆冷たい思いが消え、熱い思いが灯る。　　　★彡★★彡

過去2〜3年を通して感じていた孤独感や緊張感が、この3月を
境に消えていきます。胸の中に冷たく重い石を抱え込んだよう
な状態から抜け出せるでしょう。一方、非常に熱い思いが胸に
湧き上がるのを感じる人もいそうです。野心や情熱、強烈な欲
望の火が灯り、この先長期的に燃え続けます。

◆知的活動に強い追い風が吹く。　　　

コミュニケーションが盛り上がります。たくさんの人と対話の
輪を広げていけるでしょう。いろいろな人から話しかけられた
り、誘われたりする時です。ワイワイ賑やかに楽しむ中で、非
常に重要な話をするきっかけを掴めるかもしれません。勉強、研

究、取材、発信活動など、知的活動に取り組んでいる人には、大チャンスが巡ってくる時間です。

◆「自分史上最高傑作」の完成。
去年の夏頃からやりたいことにガンガン取り組んできた人は、その最終的な「仕上げ」に入る時間です。たとえば、制作してきた大作を見事完成させる、といった節目の時です。

♥ 愛の機動力を発揮する。
去年の8月下旬頃から続く「愛の情熱の時間」が今月25日に収束します。今月は特に、フットワークやコミュニケーション力を活かして愛のドラマを一気に進展させることができそうです。愛を探している人は、とにかくいろいろな人に声をかけ、思いつく限りの場所に足を運ぶことで、愛の芽を見つけられるでしょう。カップルは会話が盛り上がります。片思い中の人も、話しかける機会を掴みやすいはずです。あなたの持ち前のユーモアのセンスが、愛の進展のカギに。

3月 全体の星模様

今年の中で最も重要な転換点です。土星が水瓶座から魚座へ、冥王星が山羊座から水瓶座へと移動します。冥王星は6月に一旦山羊座に戻りますが、今月が「終わりの始まり」です。多くの人が長期的なテーマの転換を経験するでしょう。去年8月下旬から双子座に滞在していた火星も冥王星の翌々日25日に蟹座に抜けます。この月末は、熱い時代の節目となりそうです。

4

APRIL

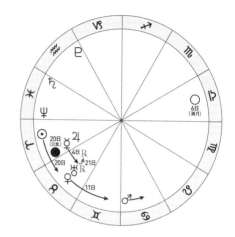

◆**とにかく動く、フットワーク勝負。**

アクティブな時です。じっとしている暇はない！という勢いがあります。出かけていくこと、現場に行ってみること、自分で体験し、実感することに意義があります。エクササイズやスポーツなど、身体を動かすことに熱中する人もいそうです。経験により実力が一気に鍛え上げられます。成長期です。

◆**居場所を整理し、心を整理する。**

家の中を整理整頓したくなるかもしれません。住処<small>すみか</small>や仕事場など「いつもの環境」を見直し、新しいものの配置や生活動線を作ることで、心の中もスッキリと整理されていくようです。家族とじっくり話し合う時間を持つ人もいるでしょう。また、下

旬以降、長らく離れていた故郷に帰る人も。

◆自分の言葉が、人の心を開く。

6日前後、そして20日前後に特別な朗報が飛び込んできそうです。このタイミングでのやりとりがきっかけとなり、とても大切なコミュニケーションの輪が生まれるかもしれません。あなたが心からの言葉を語ることにより、多くの人の心が開かれる気配があります。言葉に力がこもる時です。

♥ゆったりほんわか、キラキラの時間。 ♥ ♥

キラキラの愛の季節です。去年8月下旬頃から先月まで、愛について大奮闘を続けてきた人も少なくないはずですが、そのあなたの激闘を労うかのように、この時期あたたかな、優しい愛に包まれます。先月までのスピード感・切迫感から一転して、ゆったりほんわかした、とてもスイートな時間となるでしょう。月の下旬からは少し進展が遅く感じられるかもしれませんが、時間が解決してくれます。焦らないで。

▶ 4月 全体の星模様 ◀

昨年8月下旬から火星が位置した双子座に11日、金星が入ります。さらに水星は21日からの逆行に向けて減速しており、「去年後半から3月までガンガン勝負していたテーマに、ふんわりとおだやかな時間がやってくる」ことになりそうです。半年以上の激闘を労うような、優しい時間です。20日、木星が位置する牡羊座で日食が起こります。特別なスタートラインです。

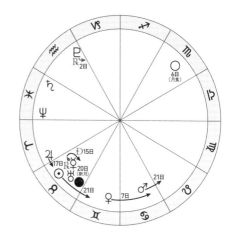

◆**探し求めてきた場所へ。** 🏠🏠🏠

月の半ばから2024年5月にかけて「居場所を作る季節」に入ります。引っ越しや家族構成の変化など、大きな動きが起こりやすい時です。特に2018年頃から居場所を探して動き続けてきた人は、かなり大きな山場を迎えることになるでしょう。「ここだ！」と思える場所に辿り着く人もいそうです。

◆**生活のあり方を変えられる。** 🏠🏠

日々の任務や役割分担を「再構築」できる時です。普段仕事や家事を抱え込みすぎている人、無理を重ねている人、疲れが溜まっている人は、その状況を根本的に解決できそうです。特に、今の仕事や任務が「自分に合っていない」と思える人は、転職

42

活動などドラスティックなアクションを起こせます。21日頃までに、新たなルーティンができあがりそうです。ライフスタイル、健康状態も少なからず変化します。

◈**キャリアにおける飛躍的な成果。**

6日前後、仕事や対外的な活動において飛躍的な成果を挙げられそうです。ここで「ブレイク」を果たす人も。

♥**上旬と下旬に、強いインパクトが。**

7日まで、キラキラの愛の季節が続いています。それを過ぎると少し落ち着きを取り戻しますが、日常の何気ない風景の中に、熱い愛情を交わす機会をたくさん見つけられるでしょう。普段の助け合い、思いやり、ケアの中に愛がこもる時なのです。愛を探している人は、普段の活動の場に愛を見つけやすくなっています。職場や生活動線の中で、心と心が近づく場面があるでしょう。月の下旬以降は衝撃を伴うような、刺激的な出会いの時がやってきます。積極的に。

5月 全体の星模様

3月に次いで、節目感の強い月です。まず6日、蠍座で月食が起こります。天王星と180度、この日の前後にかなりインパクトの強い変化が起こるかもしれません。15日に逆行中の水星が順行へ、17日に木星が牡羊座から牡牛座に移動します。これも非常に強い「節目」の動きです。約1年の流れがパッと変わります。21日、火星と太陽が星座を移動し、全体にスピード感が増します。

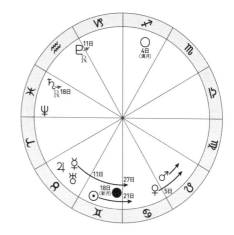

◆ **誰かの心の火が、燃え移る。**

人間関係が一気に活性化します。素敵な出会いに恵まれそうで、特に刺激的な人物、情熱的な人物、ユニークな人物との出会いが、あなたの心を大きく開いてくれるでしょう。関わっている相手の熱があなたの胸に燃え移って、いつのまにかあなたも相手に負けないほど積極的になっているはずです。

◆ **長期的な視野に立ち、家計や住処を考える。**

「家計」に意識が向かう時です。自分個人の生活だけでなく、離れて住む家族の経済状況にも目を向ける必要が出てくるかもしれません。より長期的に「どうやって生活を運営していくか」ということを、経済的・物質的に考えることができます。住処

についても新たなプランが起ち上がる気配が。「この先、家をどうする？」といった話題が日常会話に浮上したのをきっかけに、住宅情報を収集するなど、具体的なアクションを起こすことになる人も。身近な人に頼られる形で「これからの暮らし・住まい」について真剣に考え始める人もいるでしょう。先を急がず、一つ一つ確かめながら進みたい時です。

♥愛の炎も、軽快に燃え移る。　　　　

冒頭の「心の火が、燃え移る」現象が愛にも大いに当てはまります。カップルは「一緒に楽しもう」という積極的な意識を共有し、二人でいろいろな計画を立てていけるでしょう。持ち前の企画力を、愛の世界で大いに発揮できます。アイデアによって愛を進展させることができる時です。愛を探している人は、行ったことのない場所、新しいスポット、知的刺激のあるところに足を運ぶと「同好の士」に巡り合えるかもしれません。知的好奇心が愛への道筋を教えてくれそうです。18日前後、素敵な出会いの気配があります。

≫≫ 6月 全体の星模様

火星と金星が獅子座に同座し、熱量が増します。特に3月末から蟹座にあった火星はくすぶっているような状態にあったので、6月に入ると雨が上がってからっと晴れ上がるような爽快さが感じられるかもしれません。牡牛座に入った木星は魚座の土星と60度を組み、長期的な物事を地に足をつけて考え、軌道に乗せるような流れが生まれます。全体に安定感のある月です。

7

JULY

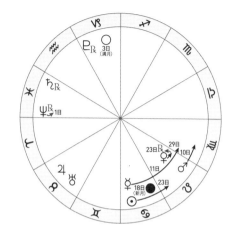

◈ **ケンカした後の信頼関係。**

6月からの「熱い人間関係」の時間が7月上旬まで続きます。中旬に入ると摩擦や衝突は一段落し、これまでの率直なやりとりの成果として、素晴らしい信頼関係に恵まれるでしょう。ケンカした後で仲直りし、より深く理解し合えるようになる、といった展開になるはずです。好意を素直に受け取って。

◈ **経済的なサポートの申し出。**

経済面で不安や課題を抱えている人は、この時期パートナーや家族、関係者などが新たなサポートを申し出てくれるかもしれません。自分一人でお金の問題を解決しようとしていた人ほど、この時期は「自分一人だけの問題ではない」というふうに、考

え方を切り替えられそうです。人に助けてもらうことは、決して悪いことではありません。

◎ **意外な形での問題解決。**

3日前後、そして18日前後、慢性的な問題が意外な形で解決していく気配があります。大切な人が手助けしてくれます。

♥ **6月からの熱いうねりが、安定的な軌道に乗る。**　♥ ♥ ♥

6月に着火した「愛の炎」が、7月も燃え続けます。6月から7月上旬はどちらかと言えばスリリングな、変化に富んだ愛のドラマが展開しやすいのですが、中旬以降は安心できるひろやかな愛の信頼関係を楽しめるようになるでしょう。カップルは愛の安心感に包まれ、コミュニケーションもとてもスムーズになるはずです。愛を探している人は、人の紹介や「友達の友達」との出会いなど、ナチュラルな雰囲気の中で愛を見つけられるかもしれません。こうした好調な雰囲気はここだけのものでなく、10月上旬まで続いていきます。

》》 **7月 全体の星模様** 《

10日に火星が獅子座から乙女座へ、11日に水星が蟹座から獅子座へ移動します。火星が抜けた獅子座に金星と水星が同座し、とても爽やかな雰囲気に包まれます。5月末から熱い勝負を挑んできたテーマが、一転してとても楽しく軽やかな展開を見せるでしょう。一方、乙女座入りした火星は土星、木星と「調停」の形を結びます。問題に正面から向き合い、解決できます。

8

AUGUST

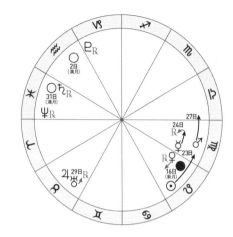

◆人から「熱」を受け取る。

熱いオファーを受けることになるかもしれません。誰かが熱烈
にプッシュしてくれたり、あなたのために特別な機会を作って
くれたりするかもしれません。未経験のことに誘われたり、大
きな仕事を任せてもらえたりする人もいるでしょう。誰かから
受け取った「熱」を、目一杯生きてみたい時です。

◆人間関係への「楽観」が引き寄せる縁。

引き続き、明るくあたたかな人間関係に恵まれます。人との関
わりにゆたかな愛が満ちて、日々を安心して過ごせるでしょう。
また、この時期は懐かしい人と再会できる時でもあります。ど
ちらかと言えばあなたの側から連絡を取り、きっかけを作って

いくことになるのかもしれません。普段自分からはなかなか働きかけないという人も、このタイミングでは不思議と「気軽に連絡してみる」ことができそうです。人との関わりについて、普段より楽観的になれた結果、人との距離がすうっと縮まっていく、という展開になりやすいはずです。

◆心満ちる時。

2日前後、心がとてもあたたかくなるような、素敵な出来事が起こりそうです。長い間の努力が報われ、大きく前進できます。

♥過去から吹いてくる、愛の追い風。　　　♥ ♥

失った愛が蘇る（よみがえ）かもしれません。ずっと会っていなかった人と再会したことで、愛を見つける人もいるでしょう。また、パートナーとの関係では不思議と、思い出話をする機会が増えそうです。「過去から戻ってくる愛」がある時なのです。出会いを探している人は16日前後、心から安心できる場所でふと、愛を見つけることになるかもしれません。

》 8月 全体の星模様

乙女座に火星と水星が同座し、忙しい雰囲気に包まれます。乙女座は実務的な星座で、この時期多くの人が「任務」にいつも以上に注力することになりそうです。一方、獅子座の金星は逆行しながら太陽と同座しています。怠けたりゆるんだりすることも、今はとても大事です。2日と31日に満月が起こりますが、特に31日の満月は土星と重なり、問題意識が強まりそうです。

9

SEPTEMBER

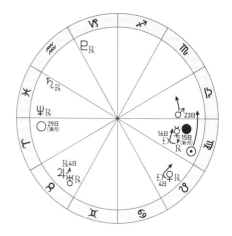

◆ **情熱的な「遠征」。**

遠く「遠征」することになるかもしれません。遠出して得るものの多い時期です。特に普段「自分の世界」にこもりがちな人ほど、この時期はその外側に出て新しいものを吸収したいという欲求が強まります。未知の世界から来た人と親しくなったり、情熱的な「師」に出会えたりするかもしれません。

◆ **思い切って「自分を出す」試み。**

引き続き「人に恵まれる」時です。先月は「再会」の流れが強かったのですが、9月は新しい出会いが多そうです。憧れの人、会ってみたいと思っていた人に思い切ってアプローチしてみると、意外なほど簡単に「会える」かもしれません。あなたが持

っている知識や経験、モノの考え方などが、驚くほど相手に「刺さる」気配もあります。あなたとしては「当たり前」のことでも、相手にとってはとても新鮮なスタイルなのかもしれません。自信を持って「自分」を出してみて。

◈ 月の半ば以降、お金がうまく回る。

月の前半、経済活動において停滞や混乱が起こるかもしれません。コミュニケーションをしっかり取り、確認や振り返りを重点的に行うことで、混乱を解消できます。月の半ば以降は、お金やものの巡りがとてもスムーズになるでしょう。

♥ 絶好調の季節の再来。 ♥ ♥ ♥

素晴らしい「愛とパートナーシップの時間」が10月上旬まで続いています。先月、多少混乱や停滞があった人も、今月に入ると一転してスムーズな関係を楽しめるでしょう。愛を探している人にも強い追い風が吹き続けています。今月は特に「遠くから来た人・バックグラウンドの違う人」に妙味が。

》 9月 全体の星模様 《

月の前半、水星が乙女座で逆行します。物事の振り返りややり直しに見るべきものが多そうです。15日に乙女座で新月、翌16日に水星順行で、ここが「節目」になるでしょう。物事がスムーズな前進に転じます。8月に逆行していた金星も4日、順行に戻り、ゆるみがちだったことがだんだん好調になってきます。火星は天秤座で少し不器用に。怒りのコントロールが大切です。

10

OCTOBER

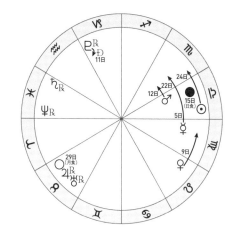

◆**月の半ば以降、大挑戦の時間へ。**

先月からの「遠征」の時間が12日まで続いています。この間、
情熱的に学んでいる人も少なくないでしょう。12日を過ぎると
一気に忙しくなります。特別なチャンスを掴む人、自ら勝負を
かけた大チャレンジを選択する人もいるでしょう。過去数カ月
の経験がそのまま、パワフルな武器になります。

◆**一度、他人のレールに乗ってみる。**

爽やかな学びの季節です。「自分の頭で考える」ことをモットー
とする水瓶座の人々ですが、このタイミングでは「一度、師の
考えにどぼんと浸かってみる」ような体験ができるかもしれませ
ん。「自分の考え」から少し離れて、信頼できると思った誰か

の考えの道筋を徹底的に辿ると、そこに新しい地平が見えてくる気配が。たとえば、少々頼りない先輩の指導を受けつつ「不安だけれど、とりあえずこの人の言うことを全部受け取ってみよう」といった方針を採ると、月末には自然に「自分自身のレール」に移行できそうです。

◇お金については、「人は人、自分は自分」。

経済活動が好調です。ただ、たとえば一緒にいる相手が散財するのにつられて、つい自分も使いすぎてしまう、といった現象も起こりやすいかも。「人は人、自分は自分」です。

♥「甘え方」を学べる。

月の上旬は絶好調の時間が続いています。新鮮な愛の関係を楽しめるでしょう。月の中旬以降は、「甘える」ことがテーマとなるかもしれません。人に甘えるのが苦手な人も多い水瓶座ですが、この時期は「敢えて素直に頼る」ことが必要になりそうです。甘えている自覚と感謝が、愛を育てます。

》》10月 全体の星模様《

獅子座の金星が9日に乙女座へ、天秤座の火星が12日に蠍座へ、それぞれ移動します。月の上旬は前月の雰囲気に繋がっていますが、中旬に入る頃にはガラッと変わり、熱いチャレンジの雰囲気が強まるでしょう。15日、天秤座で日食が起こります。人間関係の大きな転換点です。月末には木星の近くで月食、2023年のテーマの「マイルストーン」的な出来事の気配が。

MONTHLY
HOROSCOPE

11

NOVEMBER

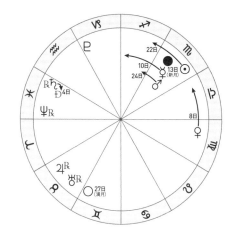

◆「居場所」を作るための挑戦。

熱い多忙期が続いています。仕事や対外的な活動の場で、果敢にチャレンジしている人が少なくないはずです。この時期のチャレンジは特に、「自分の居場所を作る」ことと強く結びついているかもしれません。活躍のフィールドを開拓したり、住処を得るために仕事を頑張ったりする人もいそうです。

◆知的活動、旅に追い風。

勉強や研究、取材、発信活動など、知的活動やコミュニケーションにまつわる活動に取り組んでいる人には、素晴らしいチャンスが訪れます。楽しく学べますし、必要な情報や材料、人脈がどんどん見つかりますし、遠くまであなたの声が届きます。

「師」に恵まれる時でもあります。また、遠出する機会も増えるでしょう。旅先で素敵な出会いがありそうです。

◆噂話は、ひとまず棚に上げて。

交友関係が広がる時です。いろいろな人から連絡が入り、繋がりが強まったり、拡大したりするでしょう。ただ、友達同士で交わす「ウワサ」は、話半分かそれ以下に受け取っておくのが無難かもしれません。火のないところにも煙は立ちます。

♥「遠くにいる」ことの意義。 ♥ ♥

爽やかな追い風が吹いています。カップルは「距離」が効くかもしれません。たとえば、出張などで短期間物理的な距離ができたり、なかなか会えないのでメッセージをたくさん交わしたりする中で、かえって愛が育つ、という展開が考えられます。愛を探している人は、遠距離恋愛に縁がある時です。また、自分とは全く別の世界に生きる人、バックグラウンドの大きく異なる人との出会いもありそうです。

▶▶ 11月 全体の星模様 ◀◀

火星は24日まで蠍座に、金星は8日から天秤座に入ります。どちらも「自宅」の配置で、パワフルです。愛と情熱、人間関係と闘争に関して、大きな勢いが生まれるでしょう。他者との関わりが密度を増します。水星は10日から射手座に入りますが、ここでは少々浮き足立つ感じがあります。特に、コミュニケーションや交通に関して、「脱線」が生じやすいかもしれません。

12

DECEMBER

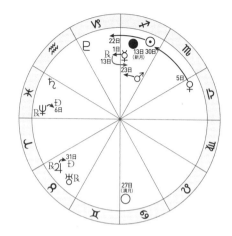

◆**「余裕すぎるかな？」くらいで大丈夫。**

「熱い多忙期」が一段落し、やわらかな雰囲気に包まれます。目上の人にほめられたり、特に力を入れなくても簡単に課題を達成できたりと、「ラクチン」な流れが生じそうです。中には「ちょっとゆるすぎるかな、これでいいのかな？」と不安になる人もいるかもしれませんが、今はそれで大丈夫です。

◆**未来について、熱く語り合う。**

年末は「来年の計画」を立てる機会も増えますが、この時期は特に、未来のことについて熱く語り合ったり、ロングスパンでヴィジョンを描いたりする人が多そうです。「長い目で見て、こうしたほうがいい」という方針をいくつか立てて、実行に移せ

ます。また、身近な人と未来について話し合う時間も増えるでしょう。お互いの予想や願望が想像以上に違っていることがわかり、相互理解のために対話を重ねることになるかもしれません。この対話を通して、希望を共有できます。

◈過去を振り返る作業。

過去の記録を調べたり、日記を読み返したりと、「過去を振り返る」作業が発生しそうです。この作業を通して、来年以降のプランに必要な条件を発見できます。

♥熱い友達の応援。

交友関係が熱く盛り上がる時ですが、そこから愛が芽生える気配が。積極的な友達、情熱的な友達に「恋人を探している」旨を伝えると、糸口を探り当ててもらえるかもしれません。自分でも積極的に「人が集まる場」に身を置き、会話に参加したいところです。カップルは社会的なテーマへの関心が高まりそうです。二人の未来について語り合えます。

》12月 全体の星模様 《

火星は射手座に、金星は蠍座に、水星は山羊座に入ります。年末らしく忙しい雰囲気です。経済は沸騰気味、グローバルなテーマが注目されそうです。13日が転換点で射手座の新月、水星が逆行開始です。ここまで外へ外へと広がってきたものが、一転して内向きに展開し始める可能性も。27日、蟹座の満月は水星、木星と小三角を組み、今年1年の「まとめ」を照らし出します。

HOSHIORI

月と星で読む
水瓶座 365日のカレンダー

◆月の巡りで読む、12種類の日。

　毎日の占いをする際、最も基本的な「時計の針」となるのが、月の動きです。「今日、月が何座にいるか」がわかれば、今日のあなたの生活の中で、どんなテーマにスポットライトが当たっているかがわかります（P.64からの「365日のカレンダー」に、毎日の月のテーマが書かれています。 ⏾マークは新月や満月など、✦マークは星の動きです）。

　本書では、月の位置による「その日のテーマ」を、右の表のように表しています。

　月は1ヵ月で12星座を一回りするので、一つの星座に2日半ほど滞在します。ゆえに、右の表の「○○の日」は、毎日変わるのではなく、2日半ほどで切り替わります。

　月が星座から星座へと移動するタイミングが、切り替えの時間です。この「切り替えの時間」はボイドタイムの終了時間と同じです。

1. **スタートの日**：物事が新しく始まる日。
「仕切り直し」ができる、フレッシュな雰囲気の日。

2. **お金の日**：経済面・物質面で動きが起こりそうな日。
自分の手で何かを創り出せるかも。

3. **メッセージの日**：素敵なコミュニケーションが生まれる。
外出、勉強、対話の日。待っていた返信が来る。

4. **家の日**：身近な人や家族との関わりが豊かになる。
家事や掃除など、家の中のことをしたくなるかも。

5. **愛の日**：恋愛他、愛全般に追い風が吹く日。
好きなことができる。自分の時間を作れる。

6. **メンテナンスの日**：体調を整えるために休む人も。
調整や修理、整理整頓、実務などに力がこもる。

7. **人に会う日**：文字通り「人に会う」日。
人間関係が活性化する。「提出」のような場面も。

8. **プレゼントの日**：素敵なギフトを受け取れそう。
他人のアクションにリアクションするような日。

9. **旅の日**：遠出することになるか、または、
遠くから人が訪ねてくるかも。専門的学び。

10. **達成の日**：仕事や勉強など、頑張ってきたことについて、
何らかの結果が出るような日。到達。

11. **友だちの日**：交友関係が広がる、賑やかな日。
目指している夢や目標に一歩近づけるかも。

12. **ひみつの日**：自分一人の時間を持てる日。
自分自身としっかり対話できる。

◆ **太陽と月と星々が巡る「ハウス」のしくみ。**

前ページの、月の動きによる日々のテーマは「ハウス」というしくみによって読み取れます。

「ハウス」は、「世俗のハウス」とも呼ばれる、人生や生活の様々なイベントを読み取る手法です。12星座の一つ一つを「部屋」に見立て、そこに星が出入りすることで、その時間に起こる出来事の意義やなりゆきを読み取ろうとするものです。

自分の星座が「第1ハウス」で、そこから反時計回りに12まで数字を入れてゆくと、ハウスの完成です。

第1ハウス：「自分」のハウス
第2ハウス：「生産」のハウス
第3ハウス：「コミュニケーション」のハウス
第4ハウス：「家」のハウス
第5ハウス：「愛」のハウス
第6ハウス：「任務」のハウス
第7ハウス：「他者」のハウス
第8ハウス：「ギフト」のハウス
第9ハウス：「旅」のハウス
第10ハウス：「目標と結果」のハウス
第11ハウス：「夢と友」のハウス
第12ハウス：「ひみつ」のハウス

例：水瓶座の人の場合

自分の星座が
第1ハウス

反時計回り

たとえば、今日の月が射手座に位置していたとすると、この日は「第11ハウスに月がある」ということになります。

前々ページの「〇〇の日」の前に打ってある数字は、実はハウスを意味しています。「第11ハウスに月がある」日は、「11. 友だちの日」です。

太陽と月、水星から海王星までの惑星、そして準惑星の冥王星が、この12のハウスをそれぞれのスピードで移動していきます。「どの星がどのハウスにあるか」で、その時間のカラーやそのとき起こっていることの意味を、読み解くことができるのです。詳しくは『星読み＋ 2022〜2032年データ改訂版』（幻冬舎コミックス刊）、または『月で読むあしたの星占い』（すみれ書房刊）でどうぞ！

1 ・JANUARY・

1 日
メッセージの日 ▶ 家の日 [ボイド 〜02:10]
生活環境や身内に目が向かう。原点回帰。

2 月
家の日
「普段の生活」が充実。身内との関係強化。環境改善ができる。

3 火
家の日 ▶ 愛の日 [ボイド 07:17〜11:46]
愛の追い風が吹く。好きなことができる。
◆金星が「自分」のハウスに。あなたの魅力が輝く季節の到来。愛に恵まれる楽しい日々へ。

4 水
愛の日
愛について嬉しいことがある。子育て、趣味、創作にも追い風が。

5 木
愛の日 ▶ メンテナンスの日 [ボイド 09:09〜23:16]
「やりたいこと」から「やるべきこと」へのシフト。

6 金
メンテナンスの日
生活や心身の故障部分を修理できる。ケアしたり、されたり。

7 土
○メンテナンスの日
生活や心身の故障部分を修理できる。ケアしたり、されたり。
☽「任務」のハウスで満月。日々の努力や蓄積が「実る」。自他の体調のケアに留意。

8 日
メンテナンスの日 ▶ 人に会う日 [ボイド 07:25〜11:42]
「自分の世界」から「外界」へ出るような節目。

9 月
人に会う日
人に会ったり、会う約束をしたりする日。出会いの気配も。

10 火
人に会う日 [ボイド 10:54〜]
人に会ったり、会う約束をしたりする日。出会いの気配も。

11 水
人に会う日 ▶ プレゼントの日 [ボイド 〜00:17]
他者との関係に、さらに一歩踏み込めるように。

12 木
プレゼントの日
人から貴重なものを受け取れる。提案を受ける場面も。

13 金
プレゼントの日 ▶ 旅の日 [ボイド 08:08〜11:58]
遠い場所との間に、橋が架かり始める。
◆火星が「愛」のハウスで順行へ。熱い自己主張を再開できる。愛にも新たな追い風が。

14 土
旅の日
遠出したり、遠くから人が訪ねてくれたりする日。発信力も増す。

15 日
●旅の日 ▶ 達成の日 [ボイド 17:41〜21:10]
意欲が湧く。はっきりした成果が出る時間へ。

16 月
達成の日
目標に手が届く。結果が出る日。人から認められる場面も。

17 火　達成の日　　　　　　　　　　　　　　　　　　［ボイド 23:29〜］
目標に手が届く。結果が出る日。人から認められる場面も。

18 水　達成の日 ▶ 友だちの日　　　　　　　　　　　　　［ボイド 〜02:35］
肩の力が抜け、伸びやかな気持ちになれる。
◆水星が「ひみつ」のハウスで順行へ。自分の感情への理解が深ま
る。自分の言葉の発見。

19 木　友だちの日　　　　　　　　　　　　　　　　　　［ボイド 19:10〜］
未来のプランを立てる。友だちと過ごせる。チームワーク。

20 金　友だちの日 ▶ ひみつの日　　　　　　　　　　　　［ボイド 〜04:13］
ざわめきから少し離れたくなる。自分の時間。
◆太陽が「自分」のハウスへ。お誕生月の始まり、新しい1年への
「扉」を開くとき。

21 土　ひみつの日
一人の時間。過去を振り返り、戦略を練る。自分を大事にする。

22 日　●ひみつの日 ▶ スタートの日　　　　　　　　　　［ボイド 00:54〜03:30］
新しいことを始めやすい時間に切り替わる。
☽「自分」のハウスで新月。大切なことがスタートする節目。フレッ
シュな「切り替え」。

23 月　スタートの日　　　　　　　　　　　　　　　　　［ボイド 19:21〜］
主役の意識で動く。新しい選択肢を選べる。気持ちが切り替わる。
◆天王星が「家」のハウスで順行へ。居場所の再構築の作業を開
始する。ドアや窓を開ける。

24 火　スタートの日 ▶ お金の日　　　　　　　　　　　　［ボイド 〜02:37］
物質面・経済活動が活性化する時間に入る。

25 水　お金の日
いわゆる「金運がいい」日。実入りが良く、いい買い物もできそう。

26 木　お金の日 ▶ メッセージの日　　　　　　　　　　　［ボイド 01:13〜03:50］
「動き」が出てくる。コミュニケーションの活性。

27 金　メッセージの日
待っていた朗報が届く。勉強が捗る。外に出たくなる日。
◆金星が「生産」のハウスへ。経済活動の活性化、上昇気流。物質
的豊かさの開花。

28 土　メッセージの日 ▶ 家の日　　　　　　　　　　　　［ボイド 06:03〜08:44］
生活環境や身内に目が向かう。原点回帰。

29 日　●家の日
「普段の生活」が充実。身内との関係強化。環境改善ができる。

30 月　家の日 ▶ 愛の日　　　　　　　　　　　　　　　　［ボイド 14:54〜17:36］
愛の追い風が吹く。好きなことができる。

31 火　愛の日
愛について嬉しいことがある。子育て、趣味、創作にも追い風が。

2 ·FEBRUARY·

1 水
愛の日 [ボイド 21:00〜]
愛について嬉しいことがある。子育て、趣味、創作にも追い風が。

2 木
愛の日 ▶ メンテナンスの日 [ボイド 〜05:13]
「やりたいこと」から「やるべきこと」へのシフト。

3 金
メンテナンスの日
生活や心身の故障部分を修理できる。ケアしたり、されたり。

4 土
メンテナンスの日 ▶ 人に会う日 [ボイド 15:21〜17:50]
「自分の世界」から「外界」へ出るような節目。

5 日
人に会う日
人に会ったり、会う約束をしたりする日。出会いの気配も。

6 月
○人に会う日 [ボイド 23:17〜]
人に会ったり、会う約束をしたりする日。出会いの気配も。
🌑「他者」のハウスで満月。誰かとの一対一の関係が「満ちる」。交渉の成立、契約。

7 火
人に会う日 ▶ プレゼントの日 [ボイド 〜06:16]
他者との関係に、さらに一歩踏み込めるように。

8 水
プレゼントの日
人から貴重なものを受け取れる。提案を受ける場面も。

9 木
プレゼントの日 ▶ 旅の日 [ボイド 15:42〜17:48]
遠い場所との間に、橋が架かり始める。

10 金
旅の日
遠出したり、遠くから人が訪ねてくれたりする日。発信力も増す。

11 土
旅の日
遠出したり、遠くから人が訪ねてくれたりする日。発信力も増す。
◆水星が「自分」のハウスへ。知的活動が活性化。若々しい気持ち、行動力。発信力の強化。

12 日
旅の日 ▶ 達成の日 [ボイド 01:43〜03:36]
意欲が湧く。はっきりした成果が出る時間へ。

13 月
達成の日
目標に手が届く。結果が出る日。人から認められる場面も。

14 火
◑達成の日 ▶ 友だちの日 [ボイド 08:54〜10:33]
肩の力が抜け、伸びやかな気持ちになれる。

15 水
友だちの日
未来のプランを立てる。友だちと過ごせる。チームワーク。

16 木
友だちの日 ▶ ひみつの日 [ボイド 10:07〜14:01]
ざわめきから少し離れたくなる。自分の時間。

17 金
ひみつの日
一人の時間。過去を振り返り、戦略を練る。自分を大事にする。

18	土	ひみつの日 ▶ スタートの日　　　　　　　　　　　　[ボイド 13:19〜14:36]
		新しいことを始めやすい時間に切り替わる。

19	日	スタートの日
		主役の意識で動く。新しい選択肢を選べる。気持ちが切り替わる。◆太陽が「生産」のハウスへ。1年のサイクルの中で「物質的・経済的土台」を整備する。

20	月	●スタートの日 ▶ お金の日　　　　　　　　　　　　[ボイド 11:02〜13:58]
		物質面・経済活動が活性化する時間に入る。🌙「生産」のハウスで新月。新しい経済活動をスタートさせる。新しいものを手に入れる。◆金星が「コミュニケーション」のハウスへ。喜びある学び、対話、外出。言葉による優しさ、愛の伝達。

21	火	お金の日
		いわゆる「金運がいい」日。実入りが良く、いい買い物もできそう。

22	水	お金の日 ▶ メッセージの日　　　　　　　　　　　　[ボイド 13:07〜14:15]
		「動き」が出てくる。コミュニケーションの活性。

23	木	メッセージの日
		待っていた朗報が届く。勉強が捗る。外に出たくなる日。

24	金	メッセージの日 ▶ 家の日　　　　　　　　　　　　[ボイド 16:23〜17:31]
		生活環境や身内に目が向かう。原点回帰。

25	土	家の日
		「普段の生活」が充実。身内との関係強化。環境改善ができる。

26	日	家の日　　　　　　　　　　　　　　　　　　　　[ボイド 23:44〜]
		「普段の生活」が充実。身内との関係強化。環境改善ができる。

27	月	◐家の日 ▶ 愛の日　　　　　　　　　　　　　　　[ボイド 〜00:49]
		愛の追い風が吹く。好きなことができる。

28	火	愛の日
		愛について嬉しいことがある。子育て、趣味、創作にも追い風が。

3 ·MARCH·

1 水 愛の日 ▶ メンテナンスの日 [ボイド 10:09〜11:42]
「やりたいこと」から「やるべきこと」へのシフト。

2 木 メンテナンスの日
生活や心身の故障部分を修理できる。ケアしたり、されたり。

3 金 メンテナンスの日 [ボイド 23:24〜]
生活や心身の故障部分を修理できる。ケアしたり、されたり。
◆水星が「生産」のハウスへ。経済活動に知性を活かす。情報収集、経営戦略。在庫整理。

4 土 メンテナンスの日 ▶ 人に会う日 [ボイド 〜00:17]
「自分の世界」から「外界」へ出るような節目。

5 日 人に会う日
人に会ったり、会う約束をしたりする日。出会いの気配も。

6 月 人に会う日 ▶ プレゼントの日 [ボイド 12:20〜12:40]
他者との関係に、さらに一歩踏み込めるように。

7 火 ○プレゼントの日
人から貴重なものを受け取れる。提案を受ける場面も。
☽「ギフト」のハウスで満月。人から「満を持して」手渡されるものがある。他者との融合。◆土星が「生産」のハウスへ。ここから約2年半をかけて、堅牢な経済力を構築する。

8 水 プレゼントの日 ▶ 旅の日 [ボイド 23:09〜23:46]
遠い場所との間に、橋が架かり始める。

9 木 旅の日
遠出したり、遠くから人が訪ねてくれたりする日。発信力も増す。

10 金 旅の日
遠出したり、遠くから人が訪ねてくれたりする日。発信力も増す。

11 土 旅の日 ▶ 達成の日 [ボイド 08:38〜09:07]
意欲が湧く。はっきりした成果が出る時間へ。

12 日 達成の日
目標に手が届く。結果が出る日。人から認められる場面も。

13 月 達成の日 ▶ 友だちの日 [ボイド 16:00〜16:22]
肩の力が抜け、伸びやかな気持ちになれる。

14 火 友だちの日
未来のプランを立てる。友だちと過せる。チームワーク。

15 水 ◑友だちの日 ▶ ひみつの日 [ボイド 17:52〜21:07]
ざわめきから少し離れたくなる。自分の時間。

16 木 ひみつの日
一人の時間。過去を振り返り、戦略を練る。自分を大事にする。

17	金	ひみつの日 ▶ スタートの日　　　　　　　　　　　　　　[ボイド 23:15〜23:27] 新しいことを始めやすい時間に切り替わる。 ◆金星が「家」のハウスへ。身近な人とのあたたかな交流。愛着。居場所を美しくする。
18	土	スタートの日 主役の意識で動く。新しい選択肢を選べる。気持ちが切り替わる。
19	日	スタートの日　　　　　　　　　　　　　　　　　　　　[ボイド 19:35〜] 主役の意識で動く。新しい選択肢を選べる。気持ちが切り替わる。 ◆水星が「コミュニケーション」のハウスへ。知的活動の活性化、コミュニケーションの進展。学習の好機。
20	月	スタートの日 ▶ お金の日　　　　　　　　　　　　　　　[ボイド 〜00:14] 物質面・経済活動が活性化する時間に入る。
21	火	お金の日 いわゆる「金運がいい」日。実入りが良く、いい買い物もできそう。 ◆太陽が「コミュニケーション」のハウスへ。1年のサイクルの中でコミュニケーションを繋ぎ直すとき。
22	水	● お金の日 ▶ メッセージの日　　　　　　　　　　　　[ボイド 01:00〜01:03] 「動き」が出てくる。コミュニケーションの活性。 ☽「コミュニケーション」のハウスで新月。新しいコミュニケーションが始まる。学び始める。朗報も。
23	木	メッセージの日 待っていた朗報が届く。勉強が捗る。外に出たくなる日。 ◆冥王星が「自分」のハウスへ。ここから2043年頃にかけ、生まれ変わるような経験ができる。
24	金	メッセージの日 ▶ 家の日　　　　　　　　　　　　　　[ボイド 02:15〜03:44] 生活環境や身内に目が向かう。原点回帰。
25	土	家の日 「普段の生活」が充実。身内との関係強化。環境改善ができる。 ◆火星が「任務」のハウスへ。多忙期へ。長く走り続けるための必要条件を、戦って勝ち取る。
26	日	家の日 ▶ 愛の日　　　　　　　　　　　　　　　　　[ボイド 01:21〜09:43] 愛の追い風が吹く。好きなことができる。
27	月	愛の日 愛について嬉しいことがある。子育て、趣味、創作にも追い風が。
28	火	愛の日 ▶ メンテナンスの日　　　　　　　　　　　　[ボイド 10:41〜19:24] 「やりたいこと」から「やるべきこと」へのシフト。
29	水	◑ メンテナンスの日 生活や心身の故障部分を修理できる。ケアしたり、されたり。
30	木	メンテナンスの日　　　　　　　　　　　　　　　　　[ボイド 22:47〜] 生活や心身の故障部分を修理できる。ケアしたり、されたり。
31	金	メンテナンスの日 ▶ 人に会う日　　　　　　　　　　　[ボイド 〜07:33] 「自分の世界」から「外界」へ出るような節目。

4 · APRIL ·

1 土
人に会う日
人に会ったり、会う約束をしたりする日。出会いの気配も。

2 日
人に会う日 ▶ プレゼントの日　　　　　　　[ボイド 15:05〜19:59]
他者との関係に、さらに一歩踏み込めるように。

3 月
プレゼントの日
人から貴重なものを受け取れる。提案を受ける場面も。

4 火
プレゼントの日　　　　　　　　　　　　　[ボイド 22:52〜]
人から貴重なものを受け取れる。提案を受ける場面も。
◆水星が「家」のハウスへ。来訪者。身近な人との対話。若々しい
風が居場所に吹き込む。

5 水
プレゼントの日 ▶ 旅の日　　　　　　　　　[ボイド 〜06:53]
遠い場所との間に、橋が架かり始める。

6 木
○旅の日　　　　　　　　　　　　　　　　[ボイド 21:44〜]
遠出したり、遠くから人が訪ねてくれたりする日。発信力も増す。
☽「旅」のハウスで満月。遠い場所への扉が「満を持して」開かれる。
遠くまで声が届く。

7 金
旅の日 ▶ 達成の日　　　　　　　　　　　[ボイド 〜15:31]
意欲が湧く。はっきりした成果が出る時間へ。

8 土
達成の日
目標に手が届く。結果が出る日。人から認められる場面も。

9 日
達成の日 ▶ 友だちの日　　　　　　　　　[ボイド 18:11〜21:58]
肩の力が抜け、伸びやかな気持ちになれる。

10 月
友だちの日
未来のプランを立てる。友だちと過ごせる。チームワーク。

11 火
友だちの日　　　　　　　　　　　　　　[ボイド 19:49〜]
未来のプランを立てる。友だちと過ごせる。チームワーク。
◆金星が「愛」のハウスへ。華やかな愛の季節の始まり。創造的活
動への強い追い風。

12 水
友だちの日 ▶ ひみつの日　　　　　　　　[ボイド 〜02:35]
ざわめきから少し離れたくなる。自分の時間。

13 木
☽ひみつの日　　　　　　　　　　　　　　[ボイド 23:16〜]
一人の時間。過去を振り返り、戦略を練る。自分を大事にする。

14 金
ひみつの日 ▶ スタートの日　　　　　　　[ボイド 〜05:44]
新しいことを始めやすい時間に切り替わる。

15 土
スタートの日
主役の意識で動く。新しい選択肢を選べる。気持ちが切り替わる。

16 日
スタートの日 ▶ お金の日　　　　　　　　[ボイド 00:17〜07:58]
物質面・経済活動が活性化する時間に入る。

17	月	お金の日 いわゆる「金運がいい」日。実入りが良く、いい買い物もできそう。

18	火	お金の日 ▶ メッセージの日　　　　　　　　　　[ボイド 03:59〜10:11] 「動き」が出てくる。コミュニケーションの活性。

19	水	メッセージの日 待っていた朗報が届く。勉強が捗る。外に出たくなる日。

20	木	●メッセージの日 ▶ 家の日　　　　　　　　　　[ボイド 13:14〜13:31] 生活環境や身内に目が向かう。原点回帰。 🌙「コミュニケーション」のハウスで日食。不思議な形で新しいコミュニケーションが始まる。勉強開始。◆太陽が「家」のハウスへ。1年のサイクルの中で「居場所・家・心」を整備し直すとき。

21	金	家の日 「普段の生活」が充実。身内との関係強化。環境改善ができる。 ◆水星が「家」のハウスで逆行開始。家族や身近な人にじっくり時間と労力を注ぐ時間へ。

22	土	家の日 ▶ 愛の日　　　　　　　　　　　　　　[ボイド 12:43〜19:13] 愛の追い風が吹く。好きなことができる。

23	日	愛の日 愛について嬉しいことがある。子育て、趣味、創作にも追い風が。

24	月	愛の日　　　　　　　　　　　　　　　　　　　[ボイド 21:17〜] 愛について嬉しいことがある。子育て、趣味、創作にも追い風が。

25	火	愛の日 ▶ メンテナンスの日　　　　　　　　　　[ボイド 〜04:00] 「やりたいこと」から「やるべきこと」へのシフト。

26	水	メンテナンスの日 生活や心身の故障部分を修理できる。ケアしたり、されたり。

27	木	メンテナンスの日 ▶ 人に会う日　　　　　　　　[ボイド 08:42〜15:31] 「自分の世界」から「外界」へ出るような節目。

28	金	◐人に会う日 人に会ったり、会う約束をしたりする。出会いの気配も。

29	土	人に会う日　　　　　　　　　　　　　　　　　[ボイド 19:54〜] 人に会ったり、会う約束をしたりする。出会いの気配も。

30	日	人に会う日 ▶ プレゼントの日　　　　　　　　　[ボイド 〜04:01] 他者との関係に、さらに一歩踏み込めるように。

5 ·MAY·

1	月	プレゼントの日 人から貴重なものを受け取れる。提案を受ける場面も。

2	火	プレゼントの日 ▶ 旅の日　　　　　　　　　　　　　[ボイド 08:54〜15:11] 遠い場所との間に、橋が架かり始める。 ◆冥王星が『自分』のハウスで逆行開始。下へ掘り下げる坑道を横に展開する。野心の熟成。

3	水	旅の日 遠出したり、遠くから人が訪ねてくれたりする日。発信力も増す。

4	木	旅の日 ▶ 達成の日　　　　　　　　　　　　　　　[ボイド 18:18〜23:34] 意欲が湧く。はっきりした成果が出る時間へ。

5	金	達成の日 目標に手が届く。結果が出る日。人から認められる場面も。

6	土	○達成の日　　　　　　　　　　　　　　　　　　　[ボイド 23:39〜] 目標に手が届く。結果が出る日。人から認められる場面も。 ☽「目標と結果」のハウスで月食。仕事や対外的な活動の場での努力が、特別な形で実る。

7	日	達成の日 ▶ 友だちの日　　　　　　　　　　　　　[ボイド 〜05:06] 肩の力が抜け、伸びやかな気持ちになれる。 ◆金星が「任務」のハウスへ。美しい生活スタイルの実現。美のための習慣。楽しい仕事。

8	月	友だちの日 未来のプランを立てる。友だちと過ごせる。チームワーク。

9	火	友だちの日 ▶ ひみつの日　　　　　　　　　　　　[ボイド 05:30〜08:35] ざわめきから少し離れたくなる。自分の時間。

10	水	ひみつの日 一人の時間。過去を振り返り、戦略を練る。自分を大事にする。

11	木	ひみつの日 ▶ スタートの日　　　　　　　　　　　[ボイド 08:54〜11:07] 新しいことを始めやすい時間に切り替わる。

12	金	●スタートの日 主役の意識で動く。新しい選択肢を選べる。気持ちが切り替わる。

13	土	スタートの日 ▶ お金の日　　　　　　　　　　　　[ボイド 12:17〜13:41] 物質面・経済活動が活性化する時間に入る。

14	日	お金の日 いわゆる「金運がいい」日。実入りが良く、いい買い物もできそう。

15	月	お金の日 ▶ メッセージの日　　　　　　　　　　　[ボイド 11:58〜16:57] 「動き」が出てくる。コミュニケーションの活性。 ◆水星が「家」のハウスで順行へ。居場所での物事の流れがスムーズになる。家族の声。

16 火 メッセージの日
待っていた朗報が届く。勉強が捗る。外に出たくなる日。

17 水 メッセージの日 ▶ 家の日　　　　　　　[ボイド 18:11〜21:29]
生活環境や身内に目が向かう。原点回帰。
◆木星が「家」のハウスへ。「居場所・自分の世界の構築」の1年
の始まり。「身内」が増える。

18 木 家の日
「普段の生活」が充実。身内との関係強化。環境改善ができる。

19 金 家の日
「普段の生活」が充実。身内との関係強化。環境改善ができる。

20 土 ●家の日 ▶ 愛の日　　　　　　　　　[ボイド 02:52〜03:49]
愛の追い風が吹く。好きなことができる。
◗「家」のハウスで新月。心の置き場所が新たに定まる。日常に新
しい風が吹き込む。

21 日 愛の日
愛について嬉しいことがある。子育て、趣味、創作にも追い風が。
◆火星が「他者」のハウスへ。摩擦を怖れぬ対決。一対一の勝負。
攻めの交渉。他者からの刺激。◆太陽が「愛」のハウスへ。1年の
サイクルの中で「愛・喜び・創造性」を再生するとき。

22 月 愛の日 ▶ メンテナンスの日　　　　　　[ボイド 07:13〜12:30]
「やりたいこと」から「やるべきこと」へのシフト。

23 火 メンテナンスの日
生活や心身の故障部分を修理できる。ケアしたり、されたり。

24 水 メンテナンスの日 ▶ 人に会う日　　　　　[ボイド 18:14〜23:36]
「自分の世界」から「外界」へ出るような節目。

25 木 人に会う日
人に会ったり、会う約束をしたりする日。出会いの気配も。

26 金 人に会う日　　　　　　　　　　　　　　[ボイド 15:40〜]
人に会ったり、会う約束をしたりする日。出会いの気配も。

27 土 人に会う日 ▶ プレゼントの日　　　　　　　[ボイド 〜12:07]
他者との関係に、さらに一歩踏み込めるように。

28 日 ◗プレゼントの日
人から貴重なものを受け取れる。提案を受ける場面も。

29 月 プレゼントの日 ▶ 旅の日　　　　　　　　[ボイド 18:47〜23:52]
遠い場所との間に、橋が架かり始める。

30 火 旅の日
遠出したり、遠くから人が訪ねてくれたりする日。発信力も増す。

31 水 旅の日　　　　　　　　　　　　　　　　[ボイド 23:55〜]
遠出したり、遠くから人が訪ねてくれたりする日。発信力も増す。

6 ·JUNE·

1 木
旅の日 ▶ 達成の日 　　　　　　　　　　　　　　　[ボイド 〜08:47]
意欲が湧く。はっきりした成果が出る時間へ。

2 金
達成の日
目標に手が届く。結果が出る日。人から認められる場面も。

3 土
達成の日 ▶ 友だちの日 　　　　　　　　　　　　[ボイド 09:53〜14:05]
肩の力が抜け、伸びやかな気持ちになれる。

4 日
○友だちの日
未来のプランを立てる。友だちと過ごせる。チームワーク。
🌙「夢と友」のハウスで満月。希望してきた条件が整う。友や仲間への働きかけが「実る」。

5 月
友だちの日 ▶ ひみつの日 　　　　　　　　　　[ボイド 12:25〜16:33]
ざわめきから少し離れたくなる。自分の時間。
◆金星が「他者」のハウスへ。人間関係から得られる喜び。愛あるパートナーシップ。

6 火
ひみつの日
一人の時間。過去を振り返り、戦略を練る。自分を大事にする。

7 水
ひみつの日 ▶ スタートの日 　　　　　　　　　[ボイド 13:41〜17:43]
新しいことを始めやすい時間に切り替わる。

8 木
スタートの日
主役の意識で動く。新しい選択肢を選べる。気持ちが切り替わる。

9 金
スタートの日 ▶ お金の日 　　　　　　　　　　[ボイド 13:25〜19:16]
物質面・経済活動が活性化する時間に入る。

10 土
お金の日
いわゆる「金運がいい」日。実入りが良く、いい買い物もできそう。

11 日
◗ お金の日 ▶ メッセージの日 　　　　　　　　[ボイド 22:22〜22:22]
「動き」が出てくる。コミュニケーションの活性。
◆逆行中の冥王星が「ひみつ」のハウスへ。2008年頃から重ねてきた自分自身との対話を捉え直す時間に。◆水星が「愛」のハウスへ。愛に関する学び、教育。若々しい創造性、遊び。知的創造。

12 月
メッセージの日
待っていた朗報が届く。勉強が捗る。外に出たくなる日。

13 火
メッセージの日
待っていた朗報が届く。勉強が捗る。外に出たくなる日。

14 水
メッセージの日 ▶ 家の日 　　　　　　　　　　[ボイド 03:28〜03:33]
生活環境や身内に目が向かう。原点回帰。

15 木
家の日
「普段の生活」が充実。身内との関係強化。環境改善ができる。

16 金
家の日 ▶ 愛の日 　　　　　　　　　　　　　　[ボイド 10:38〜10:47]
愛の追い風が吹く。好きなことができる。

17 土 愛の日
愛について嬉しいことがある。子育て、趣味、創作にも追い風が。

18 日 ●愛の日 ▶ メンテナンスの日 [ボイド 15:26〜19:59]
「やりたいこと」から「やるべきこと」へのシフト。
◆土星が「生産」のハウスで逆行開始。経済面での「建設作業」の手を少し休める。 ☽「愛」のハウスで新月。愛が「生まれる」ようなタイミング。大切なものと結びつく。

19 月 メンテナンスの日
生活や心身の故障部分を修理できる。ケアしたり、されたり。

20 火 メンテナンスの日
生活や心身の故障部分を修理できる。ケアしたり、されたり。

21 水 メンテナンスの日 ▶ 人に会う日 [ボイド 06:45〜07:06]
「自分の世界」から「外界」へ出るような節目。
◆太陽が「任務」のハウスへ。1年のサイクルの中で「健康・任務・日常」を再構築するとき。

22 木 人に会う日
人に会ったり、会う約束をしたりする日。出会いの気配も。

23 金 人に会う日 ▶ プレゼントの日 [ボイド 02:02〜19:37]
他者との関係に、さらに一歩踏み込めるように。

24 土 プレゼントの日
人から貴重なものを受け取れる。提案を受ける場面も。

25 日 プレゼントの日
人から貴重なものを受け取れる。提案を受ける場面も。

26 月 ◑プレゼントの日 ▶ 旅の日 [ボイド 07:26〜07:59]
遠い場所との間に、橋が架かり始める。

27 火 旅の日
遠出したり、遠くから人が訪ねてくれたりする日。発信力も増す。
◆水星が「任務」のハウスへ。日常生活の整理、整備。健康チェック。心身の調律。

28 水 旅の日 ▶ 達成の日 [ボイド 17:20〜17:57]
意欲が湧く。はっきりした成果が出る時間へ。

29 木 達成の日
目標に手が届く。結果が出る日。人から認められる場面も。

30 金 達成の日 [ボイド 23:22〜]
目標に手が届く。結果が出る日。人から認められる場面も。

7 ·JULY·

1 土
達成の日 ▶ 友だちの日 [ボイド 〜00:01]
肩の力が抜け、伸びやかな気持になれる。
◆海王星が「生産」のハウスで逆行開始。経済面での不安の「正体」を探す旅へ。心の表裏。

2 日
友だちの日 [ボイド 22:35〜]
未来のプランを立てる。友だちと過ごせる。チームワーク。

3 月
○友だちの日 ▶ ひみつの日 [ボイド 〜02:22]
ざわめきから少し離れたくなる。自分の時間。
🌙「ひみつ」のハウスで満月。時間をかけて治療してきた傷が癒える。自他を赦し赦される。

4 火
ひみつの日
一人の時間。過去を振り返り、戦略を練る。自分を大事にする。

5 水
ひみつの日 ▶ スタートの日 [ボイド 01:47〜02:32]
新しいことを始めやすい時間に切り替わる。

6 木
スタートの日 [ボイド 22:43〜]
主役の意識で動く。新しい選択肢を選べる。気持ちが切り替わる。

7 金
スタートの日 ▶ お金の日 [ボイド 〜02:34]
物質面・経済活動が活性化する時間に入る。

8 土
お金の日
いわゆる「金運がいい」日。実入りが良く、いい買い物もできそう。

9 日
お金の日 ▶ メッセージの日 [ボイド 03:24〜04:21]
「動き」が出てくる。コミュニケーションの活性。

10 月
●メッセージの日
待っていた朗報が届く。勉強が捗る。外に出たくなる日。
◆火星が「ギフト」のハウスへ。誘惑と情熱の呼応。生命の融合。精神的支配。配当。負債の解消。

11 火
メッセージの日 ▶ 家の日 [ボイド 08:13〜08:57]
生活環境や身内に目が向かう。原点回帰。
◆水星が「他者」のハウスへ。正面から向き合う対話。調整のための交渉。若い人との出会い。

12 水
家の日
「普段の生活」が充実。身内との関係強化。環境改善ができる。

13 木
家の日 ▶ 愛の日 [ボイド 15:12〜16:28]
愛の追い風が吹く。好きなことができる。

14 金
愛の日
愛について嬉しいことがある。子育て、趣味、創作にも追い風が。

15 土
愛の日 [ボイド 21:37〜]
愛について嬉しいことがある。子育て、趣味、創作にも追い風が。

16 日	愛の日 ▶ メンテナンスの日	[ボイド 〜02:15]
	「やりたいこと」から「やるべきこと」へのシフト。	
17 月	メンテナンスの日	
	生活や心身の故障部分を修理できる。ケアしたり、されたり。	
18 火	● メンテナンスの日 ▶ 人に会う日	[ボイド 12:08〜13:41]
	「自分の世界」から「外界」へ出るような節目。 ☽「任務」のハウスで新月。新しい生活習慣、新しい任務がスタートするとき。体調の調整。	
19 水	人に会う日	
	人に会ったり、会う約束をしたりする日。出会いの気配も。	
20 木	人に会う日	[ボイド 23:10〜]
	人に会ったり、会う約束をしたりする日。出会いの気配も。	
21 金	人に会う日 ▶ プレゼントの日	[ボイド 〜02:14]
	他者との関係に、さらに一歩踏み込めるように。	
22 土	プレゼントの日	
	人から貴重なものを受け取れる。提案を受ける場面も。	
23 日	プレゼントの日 ▶ 旅の日	[ボイド 13:08〜14:56]
	遠い場所との間に、橋が架かり始める。 ◆金星が「他者」のハウスで逆行開始。好意や愛情の「歪み」に気づいて軌道修正できる時期。◆太陽が「他者」のハウスへ。1年のサイクルの中で人間関係を「結び直す」とき。	
24 月	旅の日	
	遠出したり、遠くから人が訪ねてくれたりする日。発信力も増す。	
25 火	旅の日	
	遠出したり、遠くから人が訪ねてくれたりする日。発信力も増す。	
26 水	◑ 旅の日 ▶ 達成の日	[ボイド 00:07〜01:57]
	意欲が湧く。はっきりした成果が出る時間へ。	
27 木	達成の日	
	目標に手が届く。結果が出る日。人から認められる場面も。	
28 金	達成の日 ▶ 友だちの日	[ボイド 07:38〜09:26]
	肩の力が抜け、伸びやかな気持ちになれる。	
29 土	友だちの日	
	未来のプランを立てる。友だちと過ごせる。チームワーク。 ◆水星が「ギフト」のハウスへ。利害のマネジメント。コンサルテーション。カウンセリング。	
30 日	友だちの日 ▶ ひみつの日	[ボイド 08:53〜12:46]
	ざわめきから少し離れたくなる。自分の時間。	
31 月	ひみつの日	
	一人の時間。過去を振り返り、戦略を練る。自分を大事にする。	

8 ・AUGUST・

1	火	ひみつの日 ▶ スタートの日 [ボイド 11:14〜12:59] 新しいことを始めやすい時間に切り替わる。

2	水	○スタートの日 主役の意識で動く。新しい選択肢を選べる。気持ちが切り替わる。 🌑「自分」のハウスで満月。現在の自分を受け入れられる。誰かに受け入れてもらえる。

3	木	スタートの日 ▶ お金の日 [ボイド 06:17〜12:07] 物質面・経済活動が活性化する時間に入る。

4	金	お金の日 いわゆる「金運がいい」日。実入りが良く、いい買い物もできそう。

5	土	お金の日 ▶ メッセージの日 [ボイド 10:22〜12:21] 「動き」が出てくる。コミュニケーションの活性。

6	日	メッセージの日 待っていた朗報が届く。勉強が捗る。外に出たくなる日。

7	月	メッセージの日 ▶ 家の日 [ボイド 13:14〜15:26] 生活環境や身内に目が向かう。原点回帰。

8	火	◑家の日 「普段の生活」が充実。身内との関係強化。環境改善ができる。

9	水	家の日 ▶ 愛の日 [ボイド 19:40〜22:07] 愛の追い風が吹く。好きなことができる。

10	木	愛の日 愛について嬉しいことがある。子育て、趣味、創作にも追い風が。

11	金	愛の日 愛について嬉しいことがある。子育て、趣味、創作にも追い風が。

12	土	愛の日 ▶ メンテナンスの日 [ボイド 02:29〜07:54] 「やりたいこと」から「やるべきこと」へのシフト。

13	日	メンテナンスの日 生活や心身の故障部分を修理できる。ケアしたり、されたり。

14	月	メンテナンスの日 ▶ 人に会う日 [ボイド 16:48〜19:38] 「自分の世界」から「外界」へ出るような節目。

15	火	人に会う日 人に会ったり、会う約束をしたりする日。出会いの気配も。

16	水	●人に会う日 [ボイド 18:40〜] 人に会ったり、会う約束をしたりする日。出会いの気配も。 🌑「他者」のハウスで新月。出会いのとき。誰かとの関係が刷新。未来への約束を交わす。

17	木	人に会う日 ▶ プレゼントの日 [ボイド 〜08:16] 他者との関係に、さらに一歩踏み込めるように。

18 金 プレゼントの日
人から貴重なものを受け取れる。提案を受ける場面も。

19 土 プレゼントの日 ▶ 旅の日　　　　　　　　　　［ボイド 17:52～20:55］
遠い場所との間に、橋が架かり始める。

20 日 旅の日
遠出したり、遠くから人が訪ねてくれたりする日。発信力も増す。

21 月 旅の日
遠出したり、遠くから人が訪ねてくれたりする日。発信力も増す。

22 火 旅の日 ▶ 達成の日　　　　　　　　　　　［ボイド 05:33～08:24］
意欲が湧く。はっきりした成果が出る時間へ。

23 水 達成の日
目標に手が届く。結果が出る日。人から認められる場面も。
◆太陽が「ギフト」のハウスへ。1年のサイクルの中で経済的授受
のバランスを見直すとき。

24 木 ◗達成の日 ▶ 友だちの日　　　　　　　　［ボイド 14:12～17:09］
肩の力が抜け、伸びやかな気持ちになれる。
◆水星が「ギフト」のハウスで逆行開始。経済的関係の調整。貸し
借りの精算。「お礼・お返し」。

25 金 友だちの日
未来のプランを立てる。友だちと過ごせる。チームワーク。

26 土 友だちの日 ▶ ひみつの日　　　　　　　　［ボイド 20:58～22:07］
ざわめきから少し離れたくなる。自分の時間。

27 日 ひみつの日
一人の時間。過去を振り返り、戦略を練る。自分を大事にする。
◆火星が「旅」のハウスへ。ここから「遠征」「挑戦の旅」に出発する
人も。学びへの情熱。

28 月 ひみつの日 ▶ スタートの日　　　　　　　［ボイド 20:51～23:33］
新しいことを始めやすい時間に切り替わる。

29 火 スタートの日
主役の意識で動く。新しい選択肢を選べる。気持ちが切り替わる。
◆天王星が「家」のハウスで逆行開始。ある場所からの離脱を「考
え直す」とき。

30 水 スタートの日 ▶ お金の日　　　　　　　　［ボイド 12:06～22:58］
物質面・経済活動が活性化する時間に入る。

31 木 ○お金の日
いわゆる「金運がいい」日。実入りが良く、いい買い物もできそう。
☾「生産」のハウスで満月。経済的・物質的な努力が実り、収穫が
得られる。豊かさ、満足。

9 ・SEPTEMBER・

1 金 お金の日 ▶ メッセージの日　　　　　　　　　　［ボイド 19:37～22:26］
「動き」が出てくる。コミュニケーションの活性。

2 土 メッセージの日
待っていた朗報が届く。勉強が捗る。外に出たくなる日。

3 日 メッセージの日　　　　　　　　　　　　　　　　　　［ボイド 20:58～］
待っていた朗報が届く。勉強が捗る。外に出たくなる日。

4 月 メッセージの日 ▶ 家の日　　　　　　　　　　　　　　［ボイド ～00:01］
生活環境や身内に目が向かう。原点回帰。
◆金星が「他者」のハウスで順行へ。人間関係が前向きに。愛や好意を素直に受け取れる。◆木星が「家」のハウスで逆行開始。「居場所・自分の世界の構築」作業が熟成期へ。

5 火 家の日
「普段の生活」が充実。身内との関係強化。環境改善ができる。

6 水 家の日 ▶ 愛の日　　　　　　　　　　　　　　　［ボイド 01:48～05:08］
愛の追い風が吹く。好きなことができる。

7 木 ◗ 愛の日
愛について嬉しいことがある。子育て、趣味、創作にも追い風が。

8 金 愛の日 ▶ メンテナンスの日　　　　　　　　　　［ボイド 07:23～14:01］
「やりたいこと」から「やるべきこと」へのシフト。

9 土 メンテナンスの日
生活や心身の故障部分を修理できる。ケアしたり、されたり。

10 日 メンテナンスの日　　　　　　　　　　　　　　　　［ボイド 21:49～］
生活や心身の故障部分を修理できる。ケアしたり、されたり。

11 月 メンテナンスの日 ▶ 人に会う日　　　　　　　　　　［ボイド ～01:38］
「自分の世界」から「外界」へ出るような節目。

12 火 人に会う日
人に会ったり、会う約束をしたりする日。出会いの気配も。

13 水 人に会う日 ▶ プレゼントの日　　　　　　　　　［ボイド 00:07～14:20］
他者との関係に、さらに一歩踏み込めるように。

14 木 プレゼントの日
人から貴重なものを受け取れる。提案を受ける場面も。

15 金 ● プレゼントの日　　　　　　　　　　　　　　　　　［ボイド 22:51～］
人から貴重なものを受け取れる。提案を受ける場面も。
🌙「ギフト」のハウスで新月。心の扉を開く。誰かに導かれての経験。ギフトから始めること。

16 土 プレゼントの日 ▶ 旅の日　　　　　　　　　　　　　［ボイド ～02:46］
遠い場所との間に、橋が架かり始める。
◆水星が「ギフト」のハウスで順行へ。経済的な関係性がスムーズに。マネジメントの成功。

17	日	旅の日
		遠出したり、遠くから人が訪ねてくれたりする日。発信力も増す。

18	月	旅の日 ▶ 達成の日　　　　　　　　　　　　　[ボイド 10:08〜14:00]
		意欲が湧く。はっきりした成果が出る時間へ。

19	火	達成の日
		目標に手が届く。結果が出る日。人から認められる場面も。

20	水	達成の日 ▶ 友だちの日　　　　　　　　　　　[ボイド 19:23〜23:08]
		肩の力が抜け、伸びやかな気持ちになれる。

21	木	友だちの日
		未来のプランを立てる。友だちと過ごせる。チームワーク。

22	金	友だちの日
		未来のプランを立てる。友だちと過ごせる。チームワーク。

23	土	◑友だちの日 ▶ ひみつの日　　　　　　　　　[ボイド 04:33〜05:22]
		ざわめきから少し離れたくなる。自分の時間。
		◆太陽が「旅」のハウスへ。1年のサイクルの中で「精神的成長」を確認するとき。

24	日	ひみつの日
		一人の時間。過去を振り返り、戦略を練る。自分を大事にする。

25	月	ひみつの日 ▶ スタートの日　　　　　　　　　[ボイド 05:07〜08:31]
		新しいことを始めやすい時間に切り替わる。

26	火	スタートの日　　　　　　　　　　　　　　　[ボイド 21:40〜]
		主役の意識で動く。新しい選択肢を選べる。気持ちが切り替わる。

27	水	スタートの日 ▶ お金の日　　　　　　　　　　[ボイド 〜09:20]
		物質面・経済活動が活性化する時間に入る。

28	木	お金の日
		いわゆる「金運がいい」日。実入りが良く、いい買い物もできそう。

29	金	○お金の日 ▶ メッセージの日　　　　　　　　[ボイド 05:59〜09:19]
		「動き」が出てくる。コミュニケーションの活性。
		☽「コミュニケーション」のハウスで満月。重ねてきた勉強や対話が実を結ぶとき。意思疎通が叶う。

30	土	メッセージの日
		待っていた朗報が届く。勉強が捗る。外に出たくなる日。

10 ·OCTOBER·

1 日 メッセージの日 ▶ 家の日 [ボイド 06:51〜10:20]
生活環境や身内に目が向かう。原点回帰。

2 月 家の日
「普段の生活」が充実。身内との関係強化。環境改善ができる。

3 火 家の日 ▶ 愛の日 [ボイド 10:21〜14:05]
愛の追い風が吹く。好きなことができる。

4 水 愛の日
愛について嬉しいことがある。子育て、趣味、創作にも追い風が。

5 木 愛の日 ▶ メンテナンスの日 [ボイド 15:36〜21:33]
「やりたいこと」から「やるべきこと」へのシフト。
◆水星が「旅」のハウスへ。軽やかな旅立ち。勉強や研究に追い風が。導き手に恵まれる。

6 金 ◑メンテナンスの日
生活や心身の故障部分を修理できる。ケアしたり、されたり。

7 土 メンテナンスの日
生活や心身の故障部分を修理できる。ケアしたり、されたり。

8 日 メンテナンスの日 ▶ 人に会う日 [ボイド 04:13〜08:26]
「自分の世界」から「外界」へ出るような節目。

9 月 人に会う日
人に会ったり、会う約束をしたりする日。出会いの気配も。
◆金星が「ギフト」のハウスへ。欲望の解放と調整、他者への要求、他者からの要求。甘え。

10 火 人に会う日 ▶ プレゼントの日 [ボイド 18:38〜21:03]
他者との関係に、さらに一歩踏み込めるように。

11 水 プレゼントの日
人から貴重なものを受け取れる。提案を受ける場面も。
◆冥王星が「ひみつ」のハウスで順行へ。心の最も奥深くから、宝石を引き上げ始める。

12 木 プレゼントの日
人から貴重なものを受け取れる。提案を受ける場面も。
◆火星が「目標と結果」のハウスへ。キャリアや社会的立場における「勝負」の季節へ。挑戦の時間。

13 金 プレゼントの日 ▶ 旅の日 [ボイド 05:12〜09:24]
遠い場所との間に、橋が架かり始める。

14 土 旅の日
遠出したり、遠くから人が訪ねてくれたりする日。発信力も増す。

15 日 ●旅の日 ▶ 達成の日 [ボイド 16:03〜20:06]
意欲が湧く。はっきりした成果が出る時間へ。
◗「旅」のハウスで日食。強い縁を感じるような旅に出ることになるかも。精神的転換。

16	月	達成の日
		目標に手が届く。結果が出る日。人から認められる場面も。

17	火	達成の日
		目標に手が届く。結果が出る日。人から認められる場面も。

18 水
達成の日 ▶ 友だちの日   [ボイド 00:45～04:38]
肩の力が抜け、伸びやかな気持ちになれる。

19 木
友だちの日
未来のプランを立てる。友だちと過ごせる。チームワーク。

20 金
友だちの日 ▶ ひみつの日   [ボイド 04:04～10:56]
ざわめきから少し離れたくなる。自分の時間。

21 土
ひみつの日
一人の時間。過去を振り返り、戦略を練る。自分を大事にする。

22 日
◑ ひみつの日 ▶ スタートの日   [ボイド 15:02～15:08]
新しいことを始めやすい時間に切り替わる。
◆水星が「目標と結果」のハウスへ。ここから忙しくなる。新しい課題、ミッション、使命。

23 月
スタートの日
主役の意識で動く。新しい選択肢を選べる。気持ちが切り替わる。

24 火
スタートの日 ▶ お金の日   [ボイド 04:06～17:35]
物質面・経済活動が活性化する時間に入る。
◆太陽が「目標と結果」のハウスへ。1年のサイクルの中で「目標と達成」を確認するとき。

25 水
お金の日
いわゆる「金運がいい」日。実入りが良く、いい買い物もできそう。

26 木
お金の日 ▶ メッセージの日   [ボイド 15:41～19:03]
「動き」が出てくる。コミュニケーションの活性。

27 金
メッセージの日
待っていた朗報が届く。勉強が捗る。外に出たくなる日。

28 土
メッセージの日 ▶ 家の日   [ボイド 17:21～20:46]
生活環境や身内に目が向かう。原点回帰。

29 日
○家の日
「普段の生活」が充実。身内との関係強化。環境改善ができる。
●「家」のハウスで月食。居場所や家族に関して、特別な変化が起こるかも。大切な節目。

30 月
家の日   [ボイド 20:37～]
「普段の生活」が充実。身内との関係強化。環境改善ができる。

31 火
家の日 ▶ 愛の日   [ボイド ～00:09]
愛の追い風が吹く。好きなことができる。

11 ·NOVEMBER·

| 1 | 水 | 愛の日 [ボイド 21:38〜] |
| | | 愛について嬉しいことがある。子育て、趣味、創作にも追い風が。 |

| 2 | 木 | 愛の日 ▶ メンテナンスの日 [ボイド 〜06:32] |
| | | 「やりたいこと」から「やるべきこと」へのシフト。 |

| 3 | 金 | メンテナンスの日 |
| | | 生活や心身の故障部分を修理できる。ケアしたり、されたり。 |

4	土	メンテナンスの日 ▶ 人に会う日 [ボイド 12:29〜16:23]
		「自分の世界」から「外界」へ出るような節目。
		◆土星が「生産」のハウスで順行へ。経済面での「建設作業」の再開。一つ一つ石を積み始める。

| 5 | 日 | ◖人に会う日 |
| | | 人に会ったり、会う約束をしたりする日。出会いの気配も。 |

| 6 | 月 | 人に会う日 [ボイド 16:27〜] |
| | | 人に会ったり、会う約束をしたりする日。出会いの気配も。 |

| 7 | 火 | 人に会う日 ▶ プレゼントの日 [ボイド 〜04:41] |
| | | 他者との関係に、さらに一歩踏み込めるように。 |

8	水	プレゼントの日
		人から貴重なものを受け取れる。提案を受ける場面も。
		◆金星が「旅」のハウスへ。楽しい旅の始まり、旅の仲間。研究の果実。距離を越える愛。

| 9 | 木 | プレゼントの日 ▶ 旅の日 [ボイド 13:57〜17:10] |
| | | 遠い場所との間に、橋が架かり始める。 |

10	金	旅の日
		遠出したり、遠くから人が訪ねてくれたりする日。発信力も増す。
		◆水星が「夢と友」のハウスへ。仲間に恵まれる爽やかな季節。友と夢を語れる。新しい計画。

| 11 | 土 | 旅の日 |
| | | 遠出したり、遠くから人が訪ねてくれたりする日。発信力も増す。 |

| 12 | 日 | 旅の日 ▶ 達成の日 [ボイド 00:07〜03:41] |
| | | 意欲が湧く。はっきりした成果が出る時間へ。 |

13	月	●達成の日
		目標に手が届く。結果が出る日。人から認められる場面も。
		◗「目標と結果」のハウスで新月。新しいミッションがスタートするとき。目的意識が定まる。

| 14 | 火 | 達成の日 ▶ 友だちの日 [ボイド 08:05〜11:25] |
| | | 肩の力が抜け、伸びやかな気持ちになれる。 |

| 15 | 水 | 友だちの日 |
| | | 未来のプランを立てる。友だちと過ごせる。チームワーク。 |

16	木	友だちの日 ▶ ひみつの日 [ボイド 07:59〜16:43] ざわめきから少し離れたくなる。自分の時間。
17	金	ひみつの日 一人の時間。過去を振り返り、戦略を練る。自分を大事にする。
18	土	ひみつの日 ▶ スタートの日 [ボイド 17:29〜20:29] 新しいことを始めやすい時間に切り替わる。
19	日	スタートの日 主役の意識で動く。新しい選択肢を選べる。気持ちが切り替わる。
20	月	◐ スタートの日 ▶ お金の日 [ボイド 19:52〜23:31] 物質面・経済活動が活性化する時間に入る。
21	火	お金の日 いわゆる「金運がいい」日。実入りが良く、いい買い物もできそう。
22	水	お金の日 いわゆる「金運がいい」日。実入りが良く、いい買い物もできそう。 ◆太陽が「夢と友」のハウスへ。1年のサイクルの中で「友」「未来」に目を向ける季節へ。
23	木	お金の日 ▶ メッセージの日 [ボイド 00:11〜02:21] 「動き」が出てくる。コミュニケーションの活性。
24	金	メッセージの日 待っていた朗報が届く。勉強が捗る。外に出たくなる日。 ◆火星が「夢と友」のハウスへ。交友関係やチームワークに「熱」がこもる。夢を叶える勝負。
25	土	メッセージの日 ▶ 家の日 [ボイド 02:42〜05:30] 生活環境や身内に目が向かう。原点回帰。
26	日	家の日 「普段の生活」が充実。身内との関係強化。環境改善ができる。
27	月	○ 家の日 ▶ 愛の日 [ボイド 06:53〜09:42] 愛の追い風が吹く。好きなことができる。 ◆「愛」のハウスで満月。愛が「満ちる」「実る」とき。クリエイティブな作品の完成。
28	火	愛の日 愛について嬉しいことがある。子育て、趣味、創作にも追い風が。
29	水	愛の日 ▶ メンテナンスの日 [ボイド 10:05〜15:55] 「やりたいこと」から「やるべきこと」へのシフト。
30	木	メンテナンスの日 生活や心身の故障部分を修理できる。ケアしたり、されたり。

12 ・DECEMBER・

1 金
メンテナンスの日 　　　　　　　　　　　　　　　　　[ボイド 22:08〜]
生活や心身の故障部分を修理できる。ケアしたり、されたり。
◆水星が「ひみつ」のハウスへ。思考が深まる。思索、瞑想、誰かのための勉強。記録の精査。

2 土
メンテナンスの日 ▶ 人に会う日 　　　　　　　　　　　[ボイド 〜01:02]
「自分の世界」から「外界」へ出るような節目。

3 日
人に会う日
人に会ったり、会う約束をしたりする日。出会いの気配も。

4 月
人に会う日 ▶ プレゼントの日 　　　　　　　　　　[ボイド 11:13〜12:52]
他者との関係に、さらに一歩踏み込めるように。

5 火
❍プレゼントの日
人から貴重なものを受け取れる。提案を受ける場面も。
◆金星が「目標と結果」のハウスへ。目標達成と勲章。気軽に掴めるチャンス。嬉しい配役。

6 水
プレゼントの日 　　　　　　　　　　　　　　　　　[ボイド 22:52〜]
人から貴重なものを受け取れる。提案を受ける場面も。
◆海王星が「生産」のハウスで順行へ。物質的・経済的な「憧れ」の思いを新たにするとき。

7 木
プレゼントの日 ▶ 旅の日 　　　　　　　　　　　　　[ボイド 〜01:36]
遠い場所との間に、橋が架かり始める。

8 金
旅の日
遠出したり、遠くから人が訪ねてくれたりする日。発信力も増す。

9 土
旅の日 ▶ 達成の日 　　　　　　　　　　　　　[ボイド 10:07〜12:36]
意欲が湧く。はっきりした成果が出る時間へ。

10 日
達成の日
目標に手が届く。結果が出る日。人から認められる場面も。

11 月
達成の日 ▶ 友だちの日 　　　　　　　　　　[ボイド 17:59〜20:13]
肩の力が抜け、伸びやかな気持ちになれる。

12 火
友だちの日
未来のプランを立てる。友だちと過ごせる。チームワーク。

13 水
●友だちの日 　　　　　　　　　　　　　　　　　[ボイド 15:50〜]
未来のプランを立てる。友だちと過ごせる。チームワーク。
◗「夢と友」のハウスで新月。新しい仲間や友に出会えるとき。夢が生まれる。迷いが晴れる。◆水星が「ひみつ」のハウスで逆行開始。自問自答を重ねて、謎を解いていく。自己との対話。

14 木
友だちの日 ▶ ひみつの日 　　　　　　　　　　　　　[ボイド 〜00:33]
ざわめきから少し離れたくなる。自分の時間。

15 金
ひみつの日
一人の時間。過去を振り返り、戦略を練る。自分を大事にする。

86

16 土 ひみつの日 ▶ スタートの日 　　　　　　　　　　　[ボイド 01:05〜02:58]
新しいことを始めやすい時間に切り替わる。

17 日 スタートの日 　　　　　　　　　　　　　　　　　[ボイド 21:05〜]
主役の意識で動く。新しい選択肢を選べる。気持ちが切り替わる。

18 月 スタートの日 ▶ お金の日 　　　　　　　　　　　　[ボイド 〜05:00]
物質面・経済活動が活性化する時間に入る。

19 火 お金の日
いわゆる「金運がいい」日。実入りが良く、いい買い物もできそう。

20 水 ●お金の日 ▶ メッセージの日 　　　　　　　　　　[ボイド 06:05〜07:48]
「動き」が出てくる。コミュニケーションの活性。

21 木 メッセージの日
待っていた朗報が届く。勉強が捗る。外に出たくなる日。

22 金 メッセージの日 ▶ 家の日 　　　　　　　　　　　　[ボイド 11:49〜11:52]
生活環境や身内に目が向かう。原点回帰。
◆太陽が「ひみつ」のハウスへ。新しい1年を目前にしての、振り返りと準備の時期。

23 土 家の日
「普段の生活」が充実。身内との関係強化。環境改善ができる。
◆逆行中の水星が「夢と友」のハウスへ。旧友との再会が叶う。古い夢を「再生」できるとき。

24 日 家の日 ▶ 愛の日 　　　　　　　　　　　　　　　[ボイド 15:41〜17:16]
愛の追い風が吹く。好きなことができる。

25 月 愛の日
愛について嬉しいことがある。子育て、趣味、創作にも追い風が。

26 火 愛の日 　　　　　　　　　　　　　　　　　　　[ボイド 16:57〜]
愛について嬉しいことがある。子育て、趣味、創作にも追い風が。

27 水 ○愛の日 ▶ メンテナンスの日 　　　　　　　　　　[ボイド 〜00:17]
「やりたいこと」から「やるべきこと」へのシフト。
☽「任務」のハウスで満月。日々の努力や蓄積が「実る」。自他の体調のケアに留意。

28 木 メンテナンスの日
生活や心身の故障部分を修理できる。ケアしたり、されたり。

29 金 メンテナンスの日 ▶ 人に会う日 　　　　　　　　　[ボイド 07:59〜09:25]
「自分の世界」から「外界」へ出るような節目。

30 土 人に会う日
人に会ったり、会う約束をしたりする日。出会いの気配も。
◆金星が「夢と友」のハウスへ。友や仲間との交流が華やかに。「恵み」を受け取れる。

31 日 人に会う日 ▶ プレゼントの日 　　　　　　　　　　[ボイド 14:20〜20:55]
他者との関係に、さらに一歩踏み込めるように。
◆木星が「家」のハウスで順行へ。「居場所・自分の世界の構築」が前進に転じる。

参考　カレンダー解説の文字・線の色

あなたの星座にとって星の動きがどんな意味を
持つか、わかりやすくカレンダーに書き込んで
みたのが、P.89からの「カレンダー解説」です。
色分けは厳密なものではありませんが、だいた
い以下のようなイメージで分けられています。

━━━ 赤色
インパクトの強い出来事、意欲や情熱、
パワーが必要な場面。

━━━ 水色
ビジネスや勉強、コミュニケーションなど、
知的な活動に関すること。

━━━ 紺色
重要なこと、長期的に大きな意味のある変化。
精神的な変化、健康や心のケアに関すること。

━━━ 緑色
居場所、家族に関すること。

━━━ ピンク色
愛や人間関係に関すること。嬉しいこと。

━━━ オレンジ色
経済活動、お金に関すること。

水瓶座 2023年の
カレンダー解説

● 解説の文字・線の色のイメージは P.88 をご参照下さい ●

1 · JANUARY ·

mon	tue	wed	thu	fri	sat	sun
						1
2	3	4	5	6	7	8
9	10	11	12	13	14	15
16	17	18	19	20	21	22
23	24	25	26	27	28	29
30	31					

1/3–1/27　昨年8月末からの「愛と情熱の季節」に、さらなる追い風が加わる。素晴らしい愛の季節。クリエイティブな活動にもひときわ熱がこもる。楽しむ気持ちが強まる。魅力が輝く。

1/22　特別な「スタート」のタイミング。過去3年ほどの体験をもとに、「次」への準備ができる。

1/27–2/20　経済活動に強い追い風が吹く。しっかり「備え」ができる。

2 · FEBRUARY ·

mon	tue	wed	thu	fri	sat	sun
		1	2	3	4	5
6	7	8	9	10	11	12
13	14	15	16	17	18	19
20	21	22	23	24	25	26
27	28					

2/6　人間関係が大きく進展しそう。力強いコミュニケーションが生まれる。

2/11–3/3　爽やかな忙しさに包まれる。とても実務的。発言力が増す。

3 •MARCH•

mon	tue	wed	thu	fri	sat	sun
		1	2	3	4	5
6	⑦	8	9	10	11	12
13	14	15	16	17	18	19
20	21	22	㉓	24	25	26
27	28	29	30	31		

3/7　2020年頃から孤独感や重圧に耐えていた人は、このあたりで解放される。自分で自分に課していた重荷を軽くできる時。

3/7　ここから2026年頃にまたがって、将来的な経済的基盤を構築できる。経済活動が新しい段階に入る。

3/23　ここから2043年頃にかけて、非常に深く大きな人間的変容のプロセスが展開する。

3/21–4/4　パワフルなコミュニケーションの時間。勉強や発信活動で大きな成果を挙げる人も。

4 •APRIL•

mon	tue	wed	thu	fri	sat	sun
					1	2
3	4	5	6	7	8	9
10	11	12	13	14	15	16
17	18	19	⑳	21	22	23
24	25	26	27	28	29	30

4/11–5/7　去年の夏頃から愛についてタフな闘いを続けてきた人は、ここであたたかく報われるかも。切り開いた愛や創造のフィールドに美しい花が咲く。

4/20　意外な朗報が飛び込んでくるかも。長期的な取り組みに関する、新段階へのゴーサイン。

5 ·MAY·

mon	tue	wed	thu	fri	sat	sun
1	2	3	4	5	⑥	7
8	9	10	11	12	13	14
15	16	⑰	18	19	20	21
22	23	24	25	26	27	28
29	30	31				

5/6 意外なステップアップが叶いそう。想定外の形で目標に手が届く。「認められる」ような展開も。

5/17–2024/5/26 「居場所・家族・住処を作る時間」に入る。より自由になるために、理想の「生活の場」を構築できる時。自分らしくいられる場を模索できる。

5/21–7/10 熱い人間関係に揉まれる。刺激的な出会いがある一方、タフな交渉に臨む人も。衝突を恐れずに。

6 ·JUNE·

mon	tue	wed	thu	fri	sat	sun
			1	2	3	④
5	6	7	8	9	10	11
12	13	14	15	16	17	18
19	20	21	22	23	24	25
26	27	28	29	30		

6/4 「愛が生まれる」タイミング。恋に落ちる人、夢中になれるものに出会う人も。

6/5–10/9 公私ともに、人間関係が愛に包まれる。素敵な出会い、関わりに恵まれる。人と関わることで、宝物を得られる。

7 •JULY•

mon	tue	wed	thu	fri	sat	sun
					1	2
3	4	5	6	7	8	9
⑩	11	12	13	14	15	16
17	18	19	20	21	22	㉓
24	25	26	27	28	29	30
31						

7/10–8/27 経済的な不安や「一人でなんとかしなければならない」という孤独を感じている人は、この時期熱いサポートに恵まれそう。リソースの提供を受けられる。

7/23–9/4 誰かとの関わりにおいて、愛や好意が「回復・再生」するかも。再会の気配も。

8 •AUGUST•

mon	tue	wed	thu	fri	sat	sun
	1	②	3	4	5	6
7	8	9	10	11	12	13
14	15	⑯	17	18	19	20
21	22	23	24	25	26	27
28	29	30	31			

8/2 長い間の積み重ねが実を結ぶ時。成果が出る。一皮むける。ステップアップできる。

8/16 素敵な出会いの時。人間関係における悩みが解決に向かう。

9 · SEPTEMBER ·

mon	tue	wed	thu	fri	sat	sun
				1	2	3
(4)	5	6	7	8	9	10
11	12	13	14	15	(16)	17
18	19	20	21	22	23	24
25	26	27	28	29	30	

9/4 「自分を表現する」モードから、「相手の表現を受け止める」モードへと切り替わるかも。軸足をシフトすることで、新しい展開に。

9/16 経済活動に混乱を感じていた人は、このあたりから正常化していきそう。特に、お金にまつわる人間関係のもつれが、解消する。

10 · OCTOBER ·

mon	tue	wed	thu	fri	sat	sun
						1
2	3	4	5	6	7	8
9	10	11	12	13	14	(15)
16	17	18	19	20	21	22
23	24	25	26	27	28	(29)
30	31					

10/15 遠くから助け船を出してもらえるかも。意外な「チケット」のようなものが手に入る気配も

10/12-11/24 熱い勝負の季節。ガンガンチャレンジして、大きな成果を挙げられる。戦意が物を言う。

10/29 居場所や家族に関することで、突然「ミラクル」な出来事が起こるかも。探していた場所を見つける人も。

11 ·NOVEMBER·

mon	tue	wed	thu	fri	sat	sun
		1	2	3	4	5
6	7	⑧	9	10	11	12
⑬	14	15	16	17	18	19
20	21	22	23	24	25	26
㉗	28	29	30			

11/8–12/5　学ぶことが楽しくなる。発信活動には追い風が。目上の人、遠くにいる人の愛を受け取れるとき。

11/10–2024/1/23　仲間や友だちとの関わりが盛り上がり、深化するとき。懐かしい人との再会も。パワフルなチームを結成できる。

11/13　新しいミッションがスタートする。自分の手でプロジェクトを始動させるようなタイミング。

11/27　「愛が満ちる」時。伝え続けたことが相手の心に届くかも。クリエイティブな活動において、傑作が完成したり、活動を認めてもらえたりする人も。

12 ·DECEMBER·

mon	tue	wed	thu	fri	sat	sun
				1	2	3
4	5	6	7	8	9	10
11	12	⑬	14	15	16	17
18	19	20	21	22	23	24
25	26	27	28	29	30	31

12/13　とても嬉しいことが起こりそう。胸が高鳴るような出来事。

2023年のプチ占い（天秤座〜魚座）

天秤座（9/24-10/23生まれ）

「出会いの時間」が5月まで続く。公私ともに素敵な出会い・関わりに恵まれる。パートナーを得る人も。6月から10月上旬は交友関係に愛が満ちる。視野が広がり、より大きな場に立つことになる年。

蠍座（10/24-11/22生まれ）

特別な「縁」が結ばれる年。不思議な経緯、意外な展開で、公私ともに新しい関わりが増えていく。6月から10月上旬、キラキラのチャンスが巡ってきそう。嬉しい役割を得て、楽しく活躍できる年。

射手座（11/23-12/21生まれ）

年の前半は「愛と創造の時間」の中にある。誰かとの真剣勝負に挑んでいる人も。年の半ばを境に、「役割を作る」時間に入る。新たな任務を得ることになりそう。心身の調子が上向く。楽しい冒険旅行も。

山羊座（12/22-1/20生まれ）

「居場所を作る」時間が5月まで続く。新たな住処を得る人、家族を得る人も。5月以降は「愛と創造の時間」へ。自分自身を解放するような、大きな喜びを味わえそう。経済的にも上昇気流が生じる。

水瓶座（1/21-2/19生まれ）

2020年頃からのプレッシャーから解放される。孤独感が和らぎ、日々を楽しむ余裕を持てる。5月以降は素晴らしい愛と創造の時間へ。人を愛することの喜び、何かを生み出すことの喜びに満ちる。

魚座（2/20-3/20生まれ）

強い意志をもって行動できる年。時間をかけてやり遂げたいこと、大きなテーマに出会う。経済的に強い追い風が吹く。年の半ば以降、素晴らしいコミュニケーションが生まれる。自由な学びの年。

（※牡羊座〜乙女座はP.30）

HOSHIORI

**星のサイクル
冥王星**

✿ 冥王星のサイクル

　2023年3月、冥王星が山羊座から水瓶座へと移動を開始します。この後も逆行・順行を繰り返しながら進むため、完全に移動が完了するのは2024年ですが、この3月から既に「水瓶座冥王星時代」に第一歩を踏み出すことになります。冥王星が山羊座入りしたのは2008年、それ以来の時間が、新しい時間へと移り変わってゆくのです。冥王星は根源的な変容、破壊と再生、隠された富、深い欲望などを象徴する星です。2008年はリーマン・ショックで世界が震撼した年でしたが、2023年から2024年もまた、時代の節目となるような象徴的な出来事が起こるのかもしれません。この星が星座から星座へと移動する時、私たちの人生にはどんな変化が感じられるでしょうか。次のページでは冥王星のサイクルを年表で表現し、続くページで各時代があなたの星座にとってどんな意味を持つか、少し詳しく説明しました。そしてさらに肝心の、2023年からの「水瓶座冥王星時代」があなたにとってどんな時間になるか、考えてみたいと思います。

冥王星のサイクル年表 （詳しくは次のページへ）

時　期	水瓶座のあなたにとってのテーマ
1912年 - 1939年	「生活」の根源的ニーズを発見する
1937年 - 1958年	他者との出会いにより、人生が変わる
1956年 - 1972年	他者の人生と自分の人生の結節点・融合点
1971年 - 1984年	「外部」への出口を探し当てる
1983年 - 1995年	人生全体を賭けられる目標を探す
1995年 - 2008年	友情、社会的生活の再発見
2008年 - 2024年	内面化された規範意識との対決
2023年 - 2044年	キャラクターの再構築
2043年 - 2068年	経済力、価値観、欲望の根本的再生
2066年 - 2097年	コミュニケーションの「迷路」を抜けてゆく
2095年 - 2129年	精神の最深部への下降、子供だった自分との再会
2127年 - 2159年	愛や創造的活動を通して、「もう一人の自分」に出会う

※時期について／冥王星は順行・逆行を繰り返すため、星座の境界線を何度か往復してから移動を完了する。上記の表で、開始時は最初の移動のタイミング、終了時は移動完了のタイミング。

◆ 1912-1939年 「生活」の根源的ニーズを発見する
物理的な「身体」、身体の一部としての精神状態、現実的な「暮らし」が、根源的な変容のプロセスに入る時です。常識や社会のルール、責任や義務などへの眼差しが変化します。たとえば過酷な勤務とそこからの離脱を通して、「人生で最も大事にすべきもの」がわかる、といった経験をする人も。

◆ 1937-1958年 他者との出会いにより、人生が変わる
一対一の人間関係において、火山の噴火のような出来事が起こる時です。人間の内側に秘められたエネルギーが他者との関わりをきっかけとして噴出し、お互いにそれをぶつけ合うような状況が生じることも。その結果、人間として見違えるような変容を遂げることになります。人生を変える出会いの時間です。

◆ 1956-1972年 他者の人生と自分の人生の結節点・融合点
誰の人生も、自分だけの中に閉じた形で完結していません。他者の人生となんらかの形で融け合い、混じり合い、深く影響を与え合っています。時には境目が曖昧になり、ほとんど一体化することもあります。この時期はそうした「他者の人生との連結・融合」という、特別なプロセスが展開します。

◆ 1971-1984年 「外部」への出口を探し当てる
「人間はどこから来て、どこに行くのだろう」「宇宙の果てには、何があるのだろう」「死んだ後は、どうなるのだろう」。たとえばそんな問いを、誰もが一度くらいは考えたことがあるはずです。この時期はそうした問いに、深く突っ込んでいくことになります。宗教や哲学などを通して、人生が変わる時です。

◆ **1983 - 1995年　人生全体を賭けられる目標を探す**
人生において最も大きな山を登る時間です。この社会において
自分が持てる最大の力とはどんなものかを、徹底的に追求する
ことになります。社会的成功への野心に、強烈に突き動かされ
ます。「これこそが人生の成功だ」と信じられるイメージが、こ
の時期の体験を通して根本的に変わります。

◆ **1995 - 2008年　友情、社会的生活の再発見**
友達や仲間との関わり、「他者」の集団に身を置くことで自分を
変えたい、という強い欲求が生まれます。自分を変えてくれる
ものこそはこれから出会う新たな友人である、というイメージ
が心を支配します。この広い世界と自分とをどのように結びつ
け、居場所を得るかという大問題に立ち向かえる時です。

◆ **2008 - 2024年　内面化された規範意識との対決**
自分の中で否定してきたこと、隠蔽してきたこと、背を向けて
きたことの全てが、生活の水面上に浮かび上がる時です。たと
えば何かが非常に気になったり、あるものを毛嫌いしたりする
時、そこには自分の「内なるもの」がありありと映し出されて
います。精神の解放への扉を、そこに見いだせます。

◆ **2023 - 2044年　キャラクターの再構築**
「自分はこういう人間だ」「自分のキャラクターはこれだ」とい
うイメージが根源的に変容する時期です。まず、自分でもコン
トロールできないような大きな衝動に突き動かされ、「自分らし
くないこと」の方向に向かい、その結果、過去の自分のイメー
ジが消え去って、新たなセルフイメージが芽生えます。

◆ **2043-2068年　経済力、価値観、欲望の根本的再生**

乗り物もない遠方で、突然自分の手では運べないほどの宝物を贈られたら、どうすればいいでしょうか。たとえばそんな課題から変容のプロセスがスタートします。強烈な欲望の体験、膨大な富との接触、その他様々な「所有・獲得」の激しい体験を通して、欲望や価値観自体が根源的に変化する時です。

◆ **2066-2097年　コミュニケーションの「迷路」を抜けてゆく**

これまで疑問を感じなかったことに、いちいち「？」が浮かぶようになります。「そういうものなのだ」と思い込んでいたことへの疑念が生活の随所に浮上します。そこから思考が深まり、言葉が深みを増し、コミュニケーションが迷路に入り込みます。この迷路を抜けたところに、知的変容が完成します。

◆ **2095-2129年　精神の最深部への下降、子供だった自分との再会**

不意に子供の頃の思い出と感情がよみがえり、その思いに飲み込まれるような状態になりやすい時です。心の階段を一段一段降りてゆき、より深い精神的世界へと触れることになります。この体験を通して、現代の家庭生活や人間関係、日常の風景が大きく変化します。「心」が根源的変容を遂げる時です。

◆ **2127-2159年　愛や創造的活動を通して、「もう一人の自分」に出会う**

圧倒的な愛情が生活全体を飲み込む時です。恋愛、子供への愛、そのほかの存在への愛が、一時的に人生の「すべて」となることもあります。この没入、陶酔、のめり込みの体験を通して、人生が大きく変化します。個人としての感情を狂おしいほど生きられる時間です。創造的な活動を通して財を築く人も。

～2023年からのあなたの「冥王星時代」～
キャラクターの再構築

　水槽の中にいる魚には、ガラスのカベが見えません。ゆえに、口先をコツコツとぶつけ、「そこから向こう」に行けるかどうかを確かめていきます。2023年からのあなたに起こることは、たとえばそんな作業に似ています。「自分とは何か」がよくわからない状態に置かれ、ゼロから「自分」のアウトラインを確かめていくことになるのです。この「確かめる」作業は、上記の魚のように、「コツコツぶつける」ことで進められます。つまり、いろいろ試してみたり、いろいろな場所に行ったり、いろいろな自分に「なって」みたりする必要があるのです。その過程で「こっちには行けそうにない」「こっちにはもう少し行けそうだ」などのフィードバックを得て、その体験全体を通して「自分は、こんな形の存在なのだ」という実感を作っていくのです。このプロセスは、あなたの内なる衝動によって展開します。「自分とは何者か？」という強烈な問いが、あなたの中に燃え続けるのです。具体的には、非常に大きな力を得たり、莫大な財を獲得したりと、めざましい活躍をする人もいます。

一方で「自分」が大きくなりすぎて、支えられなくなる人もいます。大きすぎるものを引き受けたり、重すぎるものを背負ったりして、一時的に膝をつくような体験をする人もいますが、やがてそこから立ち上がれます。「人に頼らない」と決めていた人が、人に頼らざるを得なくなります。一方、人に頼り切って生きていた人が、人に頼れない状況に置かれます。こうした「激変」を通して、新しい自分に生まれ変われます。

　容姿や身体性についての悩みを抱えやすい時期でもあります。美容のために無理を重ねたり、自分を傷つけてしまったり、セルフイメージをゆがめて他者から遠ざかったりする人もいます。ただ、これも一時的な「変容へのトンネル」と言えます。こうした体験の苦しみと、そこから立ち上がっていくプロセスを通して、「人間観」が変化していきます。たとえば、容姿に強迫的にこだわったという体験が、逆に「容姿にこだわることの無意味さ」を悟るための、複雑なルートとなったりするのです。この時期にあなたが大きく躓いたとしても、きっと立ち上がれます。この時期はあくまで「自己の再生」の時間であり、生まれ変わりの時間だからです。

HOSHIORI

12星座プロフィール

水瓶座のプロフィール
思考と自由の星座

キャラクター

◆「ユニークさ」の真意

　水瓶座を表現した記事には「ユニーク」という言葉が頻出します。一般には「面白い」「風変わりな」といったイメージで用いられがちですが、本来は「他に似ているものがない」「同じようなものを見つけることができない」という意味合いの言葉です。

　たとえば、幼い子供は何でも友だちと同じにしたがります。大人になっても、多くの人が「自分は人と比べておかしくないだろうか」「自分だけが違っているのはイヤだな」と考えます。でも、水瓶座の人には「右へならえで他人のマネをする」という感性が、生まれつき、備わっていないのです。人の様子を見て、自分もそれに合わせる、という習慣がないがゆえに、「誰にも似ていない人」になりやすい、ということなのだろうと思います。

◆ 自由・平等・博愛の星座

　水瓶座は思考の星座であり、正しさを求める星座です。こ

の「正しさ」は、「エライ人や権力が認める正しさ」ではなく、人間は誰もが平等で対等な存在だ、という信念に基づく「正しさ」です。ですから、上から押しつけられるルールや価値観には、徹底的に反発し、反抗します。

　水瓶座の人々は常に精神的な自由を持っていて、何でもゼロから自分で考えようとします。人の意見を鵜呑みにすることなく、自分の頭で物事を捉え、理解しようとするのです。ゆえに、その意見はごく個性的なものになりやすい傾向があります。

　「自由と正しさを重んじ、反骨精神に富む人」というと、かたくなに孤立したアウトローのような存在を思い浮かべたくなりますが、実際の水瓶座の人々は決してそうではありません。むしろ、誰よりも仲間に囲まれ、いつも「友」を持っています。ベタベタした心情的な依存に陥ることはありませんが、爽やかな心の交流の中で、決して孤独になることがないのです。水瓶座は「友」の星座です。水瓶座の人の友情はあたたかく、一貫性があり、春夏秋冬葉を茂らせている常緑樹のようです。水瓶座の人の情愛は、「公平・平等」の観念と無関係ではありません。単なる好悪や感情の結びつきを超えて、人間関係に含まれるある種の「道徳」「倫理」のようなものを重んじるからこそ、人を見捨てたり、見放したりしない面があります。

◆ 宇宙からものを考える

　水瓶座の人々の話にはよく「宇宙」というキーワードが
出てきます。社会問題を論じ合っているのに、不意に「で
も、それも宇宙から見たら……」というような展開になる
のです。視野を狭めることなく、「もっと外側から見たらど
うだろう」「もう一回り外側の客観性に照らしたら、どう捉
えられるだろう」と考える態度は、水瓶座独特のものです。
世の中にある格差や差別も、宇宙から見ればまるで意味の
ないことになってしまうように、水瓶座の人々はまるで宇
宙人のような眼差しで、地球上の事物を見つめることがで
きるのです。

◆ 客観と主観のアンバランス

　私たちは思考の上で「客観」を仮定し、論じることがで
きます。ですが、自分の主観の世界から逃れることは、地
球上で重力から解放されることができないのと同じくらい、
不可能です。水瓶座は「客観」を目指す星座であるがゆえ
に、自分の「主観」に弱いところがあります。「あなたの気
持ちや意志は、どうなのですか？」と主観を問われると、答
えを出せなくなるところがあるのです。

　水瓶座の人々は、自分の「心」に疎いようです。「頭」は
冴えていても、「心」のことは、あまりわかっていません。

もとい、他人の気持ちには敏感でも、自分自身の気持ちのことがよくわからないのです。感情が波打っているのにそれに気づかなかったり、ストレスで疲労しきっている自分をまったく認めなかったりします。ゆえに、主観や心を大切にする人とともにあることは、水瓶座の人にとって、大いに救いとなります。

支配星・神話

◆ 天王星

　水瓶座の支配星は、天王星です。天空の神・ウラヌスの名がつけられています。天王星はウラヌスではなく、プロメテウスのほうがふさわしいのではないか、という説もあります。プロメテウスは神々が独占していた火を盗み出し、人間に分け与えました。すなわち、人間に科学技術を授けた存在がプロメテウスなのです。水瓶座はテクノロジーと結びつけられていますから、この点でもプロメテウスのほうが似つかわしいと感じる人が多いようです。

◆ 水瓶座の神話

　大神ゼウスはあるとき、人間の少年ガニュメデスの美貌に心惹かれました。どうしてもガニュメデスをそばに置きたくなったゼウスは、大鷲に変身して地上に舞い降り、少

年を連れ去ったのです。天界に連れて来られたガニュメデスは、神々の宴会で、神酒を注いでまわる給仕の役目を与えられました。

人間だった少年が天界に迎えられる、というこのお話は、神様から火を盗み出して人間に授けたプロメテウスのお話と、ごく対照的な内容のように思われます。神々の世界と人間の世界は本来「別々」のはずなのですが、水瓶座の世界ではどうも、この区別を超えて行き来できるようになっているのです。

水瓶座の才能

「時代の流れ」を捉える才能に恵まれています。ゆえに、時代の最先端を行くような分野で力を発揮しやすいようです。理数系の学問や先進技術に関心を持つ傾向も。いわゆる「機械に強い」人が多い星座です。物事の仕組みを考えること、広く世の中の正義について考えることが自然にできます。情報を発信すること、ともに学び合う場を作ることなどが得意な人も少なくありません。「みんなで考えよう」というスタンスを、自然に広げていける力を持っているのです。際立ったユニークなセンスを持つ人が多く、「流行を作る」人もいます。

牡羊座 **はじまりの星座** *I am.*

素敵なところ

裏表がなく純粋で、自他を比較しません。明るく前向きで、正義感が強く、諍いのあともさっぱりしています。欲しいものを欲しいと言える勇気、自己主張する勇気、誤りを認める勇気の持ち主です。

キーワード

勢い／勝負／果断／負けず嫌い／せっかち／能動的／スポーツ／ヒーロー・ヒロイン／華やかさ／アウトドア／草原／野生／丘陵／動物愛／議論好き／肯定的／帽子・頭部を飾るもの／スピード／赤

 牡牛座 **五感の星座** *I have.*

素敵なところ

感情が安定していて、態度に一貫性があります。知識や経験をたゆまずゆっくり、たくさん身につけます。穏やかでも不思議な存在感があり、周囲の人を安心させます。美意識が際立っています。

キーワード

感覚／色彩／快さ／リズム／マイペース／芸術／暢気（のんき）／贅沢／コレクション／一貫性／素直さと頑固さ／価値あるもの／美声・歌／料理／庭造り／変化を嫌う／積み重ね／エレガント／レモン色／白

 双子座 **知と言葉の星座** *I think.*

素敵なところ

イマジネーション能力が高く、言葉と物語を愛するユニークな人々です。フットワークが良く、センサーが敏感で、いくつになっても若々しく見えます。場の空気・状況を変える力を持っています。

キーワード

言葉／コミュニケーション／取引・ビジネス／相対性／比較／関連づけ／物語／比喩／移動／旅／ジャーナリズム／靴／天使・翼／小鳥／桜色／桃色／空色／文庫本／文房具／手紙

蟹座　感情の星座
I feel.

素敵なところ
心優しく、共感力が強く、人の世話をするときに手間を惜しみません。行動力に富み、人にあまり相談せずに大胆なアクションを起こすことがありますが、「聞けばちゃんと応えてくれる」人々です。

キーワード
感情／変化／月／守護・保護／日常生活／行動力／共感／安心／繰り返すこと／拒否／生活力／フルーツ／アーモンド／巣穴／胸部、乳房／乳白色／銀色／真珠

獅子座　意思の星座
I will.

素敵なところ
太陽のように肯定的で、安定感があります。深い自信を持っており、側にいる人を安心させることができます。人を頷かせる力、一目置かせる力、パワー感を持っています。内面には非常に繊細な部分も。

キーワード
強さ／クールさ／肯定的／安定感／ゴールド／背中／自己表現／演技／芸術／暖炉／広場／人の集まる賑やかな場所／劇場・舞台／お城／愛／子供／緋色／パープル／緑

乙女座　分析の星座
I analyze.

素敵なところ
一見クールに見えるのですが、とても優しく世話好きな人々です。他者に対する観察眼が鋭く、シャープな批評を口にしますが、その相手の変化や成長を心から喜べる、「教育者」の顔を持っています。

キーワード
感受性の鋭さ／「気が利く」人／世話好き／働き者／デザイン／コンサバティブ／胃腸／神経質／分析／調合／変化／回復の早さ／迷いやすさ／研究家／清潔／ブルーブラック／空色／桃色

天秤座　関わりの星座

I balance.

素敵なところ

高い知性に恵まれると同時に、人に対する深い愛を抱いています。視野が広く、客観性を重視し、細やかな気遣いができます。内側には熱い情熱を秘めていて、個性的なこだわりや競争心が強い面も。

キーワード

人間関係／客観視／合理性／比較対象／美／吟味／審美眼／評価／選択／平和／交渉／結婚（いさか）／諍い／調停／パートナーシップ／契約／洗練／豪奢／黒／芥子色（からし）／深紅色／水色／薄い緑色／ベージュ

蠍座　情熱の星座

I desire.

素敵なところ

意志が強く、感情に一貫性があり、愛情深い人々です。一度愛したものはずっと長く愛し続けることができます。信頼に足る、芯の強さを持つ人です。粘り強く努力し、不可能を可能に変えます。

キーワード

融け合う心／継承／遺伝／魅力／支配／提供／共有／非常に古い記憶／放出／流動／隠されたもの／湖沼／果樹園／庭／葡萄酒／琥珀／茶色／濃い赤／カギつきの箱／ギフト

射手座　冒険の星座

I understand.

素敵なところ

冒険心に富む、オープンマインドの人々です。自他に対してごく肯定的で、恐れを知らぬ勇気と明るさで周囲を照らし出します。自分の信じるものに向かってまっすぐに生きる強さを持っています。

キーワード

冒険／挑戦／賭け／負けず嫌い／馬や牛など大きな動物／遠い外国／語学／宗教／理想／哲学／おおらかさ／自由／普遍性／スピードの出る乗り物／船／黄色／緑色／ターコイズブルー／グレー

山羊座 実現の星座　　　　　　　　　　I use.

素敵なところ

夢を現実に変えることのできる人々です。自分個人の世界だけに収まる小さな夢ではなく、世の中を変えるような、大きな夢を叶えることができる力を持っています。優しく力強く、芸術的な人です。

キーワード

城を築く／行動力／実現／責任感／守備／権力／支配者／組織／芸術／伝統／骨董品／彫刻／寺院／華やかな色彩／ゴージャス／大きな楽器／黒／焦げ茶色／薄い茜色／深緑

 水瓶座 思考と自由の星座　　　　　　　I know.

素敵なところ

自分の頭でゼロから考えようとする、澄んだ思考の持ち主です。友情に篤く、損得抜きで人と関わろうとする、静かな情熱を秘めています。ユニークなアイデアを実行に移すときは無二の輝きを放ちます。

キーワード

自由／友情／公平・平等／時代の流れ／流行／メカニズム／合理性／ユニセックス／神秘的／宇宙／飛行機／通信技術／電気／メタリック／スカイブルー／チェック、ストライプ

 魚座 透明な心の星座　　　　　　　　I believe.

素敵なところ

人と人とを分ける境界線を、自由自在に越えていく不思議な力の持ち主です。人の心にするりと入り込み、相手を支え慰めることができます。場や世界を包み込むような大きな心を持っています。

キーワード

変容／変身／愛／海／救済／犠牲／崇高／聖なるもの／無制限／変幻自在／天衣無縫／幻想／瞑想／蠱惑／エキゾチック／ミステリアス／シースルー／黎明／白／ターコイズブルー／マリンブルー

HOSHIORI

用語解説

星の逆行

　星占いで用いる星々のうち、太陽と月以外の惑星と冥王星は、しばしば「逆行」します。これは、星が実際に軌道を逆走するのではなく、あくまで「地球からそう見える」ということです。

　たとえば同じ方向に向かう特急電車が普通電車を追い抜くとき、相手が後退しているように見えます。「星の逆行」は、この現象に似ています。地球も他の惑星と同様、太陽のまわりをぐるぐる回っています。ゆえに一方がもう一方を追い抜くとき、あるいは太陽の向こう側に回ったときに、相手が「逆走している」ように見えるのです。

　星占いの世界では、星が逆行するとき、その星の担うテーマにおいて停滞や混乱、イレギュラーなことが起こる、と解釈されることが一般的です。ただし、この「イレギュラー」は「不運・望ましくない展開」なのかというと、そうではありません。

　私たちは自分なりの推測や想像に基づいて未来の計画を立て、無意識に期待し、「次に起こること」を待ち受けます。その「待ち受けている」場所に思い通りのボールが飛んでこなかったとき、苛立ちや焦り、不安などを感じます。でも、そのこと自体が「悪いこと」かというと、決してそうではないはずです。なぜなら、人間の推測や想像には、限界があるか

らです。推測通りにならないことと、「不運」はまったく別のことです。

　星の逆行時は、私たちの推測や計画と、実際に巡ってくる未来とが「噛み合いにくい」ときと言えます。ゆえに、現実に起こる出来事全体が、言わば「ガイド役・導き手」となります。目の前に起こる出来事に導いてもらうような形で先に進み、いつしか、自分の想像力では辿り着けなかった場所に「つれていってもらえる」わけです。

　水星の逆行は年に三度ほど、一回につき3週間程度で起こります。金星は約1年半ごと、火星は2年に一度ほど、他の星は毎年太陽の反対側に回る数ヵ月、それぞれ逆行します。

　たとえば水星逆行時は、以下のようなことが言われます。

◆ 失せ物が出てくる／この時期なくしたものはあとで出てくる
◆ 旧友と再会できる
◆ 交通、コミュニケーションが混乱する
◆ 予定の変更、物事の停滞、遅延、やり直しが発生する

　これらは「悪いこと」ではなく、無意識に通り過ぎてしまった場所に忘れ物を取りに行くような、あるいは、トンネルを通って山の向こうへ出るような動きです。掛け違えたボタンを外してはめ直すようなことができる時間なのです。

ボイドタイム─月のボイド・オブ・コース

　ボイドタイムとは、正式には「月のボイド・オブ・コース」となります。実は、月以外の星にもボイドはあるのですが、月のボイドタイムは3日に一度という頻度で巡ってくるので、最も親しみやすい（？）時間と言えます。ボイドタイムの定義は「その星が今いる星座を出るまで、他の星とアスペクト（特別な角度）を結ばない時間帯」です。詳しくは占星術の教科書などをあたってみて下さい。

　月のボイドタイムには、一般に、以下のようなことが言われています。

◆ 予定していたことが起こらない／想定外のことが起こる

◆ ボイドタイムに着手したことは無効になる

◆ 期待通りの結果にならない

◆ ここでの心配事はあまり意味がない

◆ 取り越し苦労をしやすい

◆ 衝動買いをしやすい

◆ この時間に占いをしても、無効になる。意味がない

　ボイドをとても嫌う人も少なくないのですが、これらをよく見ると、「悪いことが起こる」時間ではなく、「あまりいろいろ気にしなくてもいい時間」と思えないでしょうか。

とはいえ、たとえば大事な手術や面接、会議などがこの時間帯に重なっていると「予定を変更したほうがいいかな？」という気持ちになる人もいると思います。

　この件では、占い手によっても様々に意見が分かれます。その人の人生観や世界観によって、解釈が変わり得る要素だと思います。

　以下は私の意見なのですが、大事な予定があって、そこにボイドや逆行が重なっていても、私自身はまったく気にしません。

　では、ボイドタイムは何の役に立つのでしょうか。一番役に立つのは「ボイドの終わる時間」です。ボイド終了時間は、星が星座から星座へ、ハウスからハウスへ移動する瞬間です。つまり、ここから新しい時間が始まるのです。

　たとえば、何かうまくいかないことがあったなら、「365日のカレンダー」を見て、ボイドタイムを確認します。もしボイドだったら、ボイド終了後に、物事が好転するかもしれません。待っているものが来るかもしれません。辛い待ち時間や気持ちの落ち込んだ時間は、決して「永遠」ではないのです。

月齢について

　本書では月の位置している星座から、自分にとっての「ハウス」を読み取り、毎日の「月のテーマ」を紹介しています。ですが月にはもう一つの「時計」としての機能があります。それは、「満ち欠け」です。

　月は1ヵ月弱のサイクルで満ち欠けを繰り返します。夕方に月がふと目に入るのは、新月から満月へと月が膨らんでいく時間です。満月から新月へと月が欠けていく時間は、月が夜遅くから明け方でないと姿を現さなくなります。

　夕方に月が見える・膨らんでいく時間は「明るい月の時間」で、物事も発展的に成長・拡大していくと考えられています。一方、月がなかなか出てこない・欠けていく時間は「暗い月の時間」で、物事が縮小・凝縮していく時間となります。

　これらのことはもちろん、科学的な裏付けがあるわけではなく、あくまで「古くからの言い伝え」に近いものです。

　新月と満月のサイクルは「時間の死と再生のサイクル」です。このサイクルは、植物が繁茂しては枯れ、種によって子孫を残す、というイメージに重なります。「死」は本当の「死」ではなく、種や球根が一見眠っているように見える、その状態を意味します。

　そんな月の時間のイメージを、図にしてみました。

【新月】
種蒔き

芽が出る、新しいことを始める、目標を決める、新品を下ろす、髪を切る、悪癖をやめる、コスメなど、古いものを新しいものに替える

【上弦】
成長

勢い良く成長していく、物事を付け加える、増やす、広げる、決定していく、少し一本調子になりがち

【満月】
開花、
結実

達成、到達、充実、種の拡散、実を収穫する、人間関係の拡大、ロングスパンでの計画、このタイミングにゴールや〆切を設定しておく

【下弦】
貯蔵、
配分

加工、貯蔵、未来を見越した作業、不要品の処分、故障したものの修理、古物の再利用を考える、蒔くべき種の選別、ダイエット開始、新月の直前、材木を切り出す

【新月】
次の
種蒔き

新しい始まり、仕切り直し、軌道修正、過去とは違った選択、変更

以下、月のフェーズを六つに分けて説明してみます。

● 新月　**New moon**

「スタート」です。時間がリセットされ、新しい時間が始まる！
というイメージのタイミングです。この日を境に悩みや迷い
から抜け出せる人も多いようです。とはいえ新月の当日は、気
持ちが少し不安定になる、という人もいるようです。細い針
のような月が姿を現す頃には、フレッシュで爽やかな気持ち
になれるはずです。日食は「特別な新月」で、1年に二度ほ
ど起こります。ロングスパンでの「始まり」のときです。

◐ 三日月〜 ● 上弦の月　**Waxing crescent - First quarter moon**

ほっそりした月が半月に向かうに従って、春の草花が生き生
きと繁茂するように、物事が勢い良く成長・拡大していきま
す。大きく育てたいものをどんどん仕込んでいけるときです。

◑ 十三夜月〜小望月（こもちづき）　**Waxing gibbous moon**

少量の水より、大量の水を運ぶときのほうが慎重さを必要と
します。それにも似て、この時期は物事が「完成形」に近づ
き、細かい目配りや粘り強さ、慎重さが必要になるようです。
一歩一歩確かめながら、満月というゴールに向かいます。

◯ 満月　Full moon

新月からおよそ2週間、物事がピークに達するタイミングです。文字通り「満ちる」ときで、「満を持して」実行に移せることもあるでしょう。大事なイベントが満月の日に計画されている、ということもよくあります。意識してそうしたのでなくとも、関係者の予定を繰り合わせたところ、自然と満月前後に物事のゴールが置かれることがあるのです。

月食は「特別な満月」で、半年から1年といったロングスパンでの「到達点」です。長期的なプロセスにおける「折り返し地点」のような出来事が起こりやすいときです。

◑ 十六夜の月～寝待月　Waning gibbous moon

樹木の苗や球根を植えたい時期です。時間をかけて育てていくようなテーマが、ここでスタートさせやすいのです。また、細くなっていく月に擬えて、ダイエットを始めるのにも良い、とも言われます。植物が種をできるだけ広くまき散らそうとするように、人間関係が広がるのもこの時期です。

◑ 下弦の月～ ◐ 二十六夜月　Last quarter - Waning crescent moon

秋から冬に球根が力を蓄えるように、ここでは「成熟」がテーマとなります。物事を手の中にしっかり掌握し、力をためつつ「次」を見据えてゆっくり動くときです。いたずらに物珍しいことに踊らされない、どっしりした姿勢が似合います。

◆ 太陽星座早見表　水瓶座

（1930〜2025年／日本時間）

太陽が水瓶座に滞在する時間帯を下記の表にまとめました。
これより前は山羊座、これより後は魚座ということになります。

生まれた年	期　　間
1930	1/21　3:33　〜　2/19　17:59
1931	1/21　9:18　〜　2/19　23:39
1932	1/21　15:07　〜　2/20　5:27
1933	1/20　20:53　〜　2/19　11:15
1934	1/21　2:37　〜　2/19　17:01
1935	1/21　8:28　〜　2/19　22:51
1936	1/21　14:12　〜　2/20　4:32
1937	1/20　20:01　〜　2/19　10:20
1938	1/21　1:59　〜　2/19　16:19
1939	1/21　7:51　〜　2/19　22:08
1940	1/21　13:44　〜　2/20　4:03
1941	1/20　19:34　〜　2/19　9:55
1942	1/21　1:24　〜　2/19　15:46
1943	1/21　7:19　〜　2/19　21:39
1944	1/21　13:07　〜　2/19　3:26
1945	1/20　18:54　〜　2/19　9:14
1946	1/21　0:45　〜　2/19　15:08
1947	1/21　6:32　〜　2/19　20:51
1948	1/21　12:18　〜　2/20　2:36
1949	1/20　18:09　〜　2/19　8:26
1950	1/21　0:00　〜　2/19　14:17
1951	1/21　5:52　〜　2/19　20:09
1952	1/21　11:38　〜　2/20　1:56
1953	1/20　17:21　〜　2/19　7:40

生まれた年	期　　間
1954	1/20　23:11　〜　2/19　13:31
1955	1/21　5:02　〜　2/19　19:18
1956	1/21　10:48　〜　2/20　1:04
1957	1/20　16:39　〜　2/19　6:57
1958	1/20　22:28　〜　2/19　12:47
1959	1/21　4:19　〜　2/19　18:37
1960	1/21　10:10　〜　2/20　0:25
1961	1/20　16:01　〜　2/19　6:15
1962	1/20　21:58　〜　2/19　12:14
1963	1/21　3:54　〜　2/19　18:08
1964	1/21　9:41　〜　2/19　23:56
1965	1/20　15:29　〜　2/19　5:47
1966	1/20　21:20　〜　2/19　11:37
1967	1/21　3:08　〜　2/19　17:23
1968	1/21　8:54　〜　2/19　23:08
1969	1/20　14:38　〜　2/19　4:54
1970	1/20　20:24　〜　2/19　10:41
1971	1/21　2:13　〜　2/19　16:26
1972	1/21　7:59　〜　2/19　22:10
1973	1/20　13:48　〜　2/19　4:00
1974	1/20　19:46　〜　2/19　9:58
1975	1/21　1:36　〜　2/19　15:49
1976	1/21　7:25　〜　2/19　21:39
1977	1/20　13:14　〜　2/19　3:29

生まれた年	期　　　間			
1978	1/20	19:04	~	2/19　9:20
1979	1/21	1:00	~	2/19　15:12
1980	1/21	6:49	~	2/19　21:01
1981	1/20	12:36	~	2/19　2:51
1982	1/20	18:31	~	2/19　8:46
1983	1/21	0:17	~	2/19　14:30
1984	1/21	6:05	~	2/19　20:15
1985	1/20	11:58	~	2/19　2:06
1986	1/20	17:46	~	2/19　7:57
1987	1/20	23:40	~	2/19　13:49
1988	1/21	5:24	~	2/19　19:34
1989	1/20	11:07	~	2/19　1:20
1990	1/20	17:02	~	2/19　7:13
1991	1/20	22:47	~	2/19　12:57
1992	1/21	4:32	~	2/19　18:42
1993	1/20	10:23	~	2/19　0:34
1994	1/20	16:07	~	2/19　6:21
1995	1/20	22:00	~	2/19　12:10
1996	1/21	3:52	~	2/19　18:00
1997	1/20	9:42	~	2/18　23:50
1998	1/20	15:46	~	2/19　5:54
1999	1/20	21:37	~	2/19　11:46
2000	1/21	3:23	~	2/19　17:32
2001	1/20	9:17	~	2/18　23:27

生まれた年	期　　　間			
2002	1/20	15:03	~	2/19　5:13
2003	1/20	20:54	~	2/19　11:00
2004	1/21	2:43	~	2/19　16:50
2005	1/20	8:23	~	2/18　22:32
2006	1/20	14:16	~	2/19　4:26
2007	1/20	20:02	~	2/19　10:09
2008	1/21	1:45	~	2/19　15:50
2009	1/20	7:41	~	2/18　21:46
2010	1/20	13:29	~	2/19　3:36
2011	1/20	19:20	~	2/19　9:25
2012	1/21	1:11	~	2/19　15:18
2013	1/20	6:53	~	2/18　21:02
2014	1/20	12:52	~	2/19　3:00
2015	1/20	18:44	~	2/19　8:50
2016	1/21	0:28	~	2/19　14:34
2017	1/20	6:25	~	2/18　20:31
2018	1/20	12:10	~	2/19　2:18
2019	1/20	18:01	~	2/19　8:04
2020	1/20	23:56	~	2/19　13:57
2021	1/20	5:41	~	2/18　19:44
2022	1/20	11:39	~	2/19　1:42
2023	1/20	17:30	~	2/19　7:34
2024	1/20	23:08	~	2/19　13:12
2025	1/20	5:00	~	2/18　19:06

おわりに

　これを書いているのは2022年8月なのですが、日本では新型コロナウイルスが「第7波」がピークを迎え、身近にもたくさんの人が感染するのを目の当たりにしています。2020年頃から世界を覆い始めた「コロナ禍」はなかなか収束の出口が見えないまま、多くの人を飲み込み続けています。今や世の中は「コロナ」に慣れ、意識の外側に置こうとしつつあるかのようにも見えます。

　2020年は土星と木星が同時に水瓶座入りした年で、星占い的には「グレート・コンジャンクション」「ミューテーション」など、時代の節目の時間として大いに話題になりました。2023年はその土星が水瓶座を「出て行く」年です。水瓶座は「風の星座」であり、ごく広い意味では「風邪」のような病気であった（症状は命に関わる酷いもので、単なる風邪などとはとても言えませんが！）COVID-19が、ここで土星と一緒に「退場」してくれれば！と、心から願っています。

　年次版の文庫サイズ『星栞』は、本書でシリーズ4作目となりました。表紙イラストのモチーフ「スイーツ」は、

2023年5月に木星が牡牛座に入ること、金星が獅子座に長期滞在することから、選んでみました。牡牛座は「おいしいもの」と関係が深い星座で、獅子座は華やかさ、表現力の世界です。美味しくて華やかなのは「お菓子！」だと思ったのです。また、「コロナ禍」が続く中で多くの人が心身に重大な疲労を蓄積し、自分で思うよりもずっと大きな苦悩を抱えていることも意識にありました。「甘いモノが欲しくなる時は、疲れている時だ」と言われます。かつて私も、猛烈なストレスを耐えて生きていた頃、毎日スーパーでちいさなフロランタンを買い、仕事帰りに齧っていました。何の理性的根拠もない「占い」ですが、時に人の心に希望をもたらす「溺れる者の藁」となることもあります。2023年、本書が読者の方の心に、小さな甘いキャンディのように響くことがあれば、と祈っています。

星栞 2023年の星占い
水瓶座

2022年9月30日　第1刷発行

著者　石井ゆかり

発行人　石原正康
発行元　株式会社 幻冬舎コミックス
　　　　〒151-0051　東京都渋谷区千駄ヶ谷4-9-7
　　　　電話 03-5411-6431（編集）
発売元　株式会社 幻冬舎
　　　　〒151-0051　東京都渋谷区千駄ヶ谷4-9-7
　　　　電話 03-5411-6222（営業）
　　　　振替 00120-8-767643

印刷・製本所：株式会社 光邦
デザイン：竹田麻衣子（Lim）
DTP：株式会社 森の印刷屋、安居大輔（Dデザイン）
STAFF：齋藤至代（幻冬舎コミックス）、
　　　　佐藤映湖・滝澤 航（オーキャン）、三森定史
装画：砂糖ゆき